DE L'IMPORTANCE.

DES

OPINIONS RELIGIEUSES.

DE L'IMPORTANCE

DES

OPINIONS RELIGIEUSES,

PAR M. NECKER.

Pristinis orbati muneribus, hæc studia renovare cœpimus, ut &
animus molestiis hac potissimum re levaretur, & prodessemus
civibus nostris quâ re cumque possemus.

CICÉRON.

A LONDRES,

Et se trouve à PARIS, Hôtel de Thou, rue
des Poitevins.

1788.

J'ÉTOIS occupé des derniers foins que l'Édition de cet Ouvrage exigeoit de moi, lorfqu'on a fait paroître un fecond Mémoire de M. *de Calonne*. Je l'ai lu; & je prends ici l'engagement de répondre avec évidence à cette nouvelle attaque, & de maintenir en fon entier la foi due à la juftelfe du Compte que j'ai rendu au Roi en 1781.

NECKER.

INTRODUCTION.

INTRODUCTION.

MES penſées ne pouvant plus s'attacher à l'étude & à la recherche des vérités qui ont l'avantage politique de l'Etat pour objet ; mon attention ne devant plus ſe fixer ſur les diſpoſitions particulières de bien public, qui ſont néceſſairement unies à l'action du Gouvernement ; je me ſuis trouvé comme délaiſſé par tous les grands intérêts de la vie. Inquiet, égaré, dans cette eſpèce de vuide, mon ame encore active a ſenti le beſoin d'une occupation. J'ai eu le deſſein, pendant quelques inſtans, de tracer mes idées ſur les hommes & ſur leur caractère ; il me ſembloit qu'une aſſez longue expérience, au

A

milieu des mouvemens qui révèlent
les paſſions, m'avoit appris à les bien
connoître; mais élevant mes regards,
mon cœur s'eſt rempli d'une autre
ambition, & j'ai éprouvé le deſir
d'allier à de plus hautes penſées, les
méditations dont j'étois contraint de
me ſéparer. Guidé par ce ſentiment,
j'ai remarqué, avec ſatisfaction,
qu'il exiſtoit une connexion naturelle entre les diverſes vérités qui
contribuent au bonheur des hommes.
Nos préjugés & nos paſſions cherchent ſouvent à les déſunir; mais
aux yeux d'un obſervateur attentif,
elles ont toutes une origine commune. C'eſt par les effets d'une ſemblable affinité, que les vues générales d'adminiſtration, l'eſprit des
loix, la morale, & les opinions

religieuſes, ont une étroite relation;
& c'eſt en entretenant ſoigneuſement
une ſi belle alliance, que l'on élève
un rempart autour des travaux deſ-
tinés à la proſpérité des Etats & à la
tranquillité des Nations.

On ne peut avoir pris une part active à la conduite des affaires publiques; on ne peut en avoir fait l'objet
ſuivi de ſon attention; on ne peut
avoir comparé les divers rapports de
ce grand enſemble avec la diſpoſition
naturelle des eſprits & des caractères;
on ne peut enfin avoir obſervé les
hommes dans leurs conſtantes rivalités, ſans avoir apperçu combien
les Gouvernemens les plus ſages ont
beſoin d'être ſecondés par l'influence
du reſſort inviſible qui agit en ſecret
ſur les conſciences. Ainſi, quand

j'essaie aujourd'hui de communiquer
quelques réflexions sur l'importance
des opinions religieuses, je ne suis pas
si loin de mes idées d'habitude, qu'on
pourroit le présumer au premier
coup-d'œil ; &, puisqu'en écrivant
sur l'Administration des finances, je
n'ai rien négligé pour montrer qu'il
y avoit un rapport intime entre la
vertu des Gouvernemens & la sagesse
de leur conduite, entre la morale des
princes & la confiance de leurs sujets,
je me crois à la suite de ces sentimens
& de ces pensées, lorsque, frappé de
l'esprit d'indifférence qui règne au milieu de nous, je cherche à rattacher les
devoirs des hommes aux principes
qui en sont l'appui le plus naturel.

C'est après avoir étudié les intérêts
d'un grand peuple, c'est après avoir

parcouru l'enceinte de nos sociétés
politiques, qu'on est plus près, peut-
être, de ces majestueuses idées, qui
lient l'organisation générale de la
race humaine, à un Être puissant,
infini, la cause de tout, & le moteur
universel de l'univers. Ce n'est pas,
il est vrai, dans le rapide cours d'une
administration toujours agissante,
que l'on peut se livrer à de semblables réflexions ; mais elles se forment,
elles se préparent au milieu du tumulte des affaires, & la tranquillité
de la retraite vous aide à les approfondir.

Le calme, après le mouvement,
paroît donc l'époque la plus favorable à la méditation ; & si quelques
souvenirs, si quelques regards en
arrière vous inspiroient une sorte de

A 3

mélancolie, vous feriez ramenés in-
volontairement vers les confins des
idées dont vous auriez été long-temps
occupés. C'eft ainfi que le nautonier,
après avoir renoncé aux hafards de
la mer, s'affied encore quelquefois
fur le rivage, & là, plus tranquille
obfervateur, il confidère attentivement, & le vafte Océan, & le cours
réglé de fes ondes, & l'impreffion
des vents, du flux & reflux, & ce
magnifique firmament, où la nuit,
parmi des feux innombrables, on
diftingue le point lumineux qui doit
fervir de guide aux navigateurs.

C'eft en vain que dans les grandes
places du Gouvernement, on s'occupe avec affiduité du bonheur général; c'eft en vain que, pénétré d'un
jufte refpeÊt pour l'importance de fes

devoirs, l'homme public veut prendre en main la cause du peuple, & s'appliquer, sans relâche, à défendre le foible contre les efforts du puissant ; il apperçoit bientôt les bornes de ses moyens & les limites même de l'autorité souveraine. La commisération pour l'infortune est combattue par les loix de propriété, la bienfaisance par la justice, la liberté par ses propres abus ; sans cesse on voit lutter ensemble le mérite & le crédit, l'honneur & la fortune, l'amour de la patrie & l'intérêt personnel. Il n'y a de vraie pureté dans les passions, que par momens & par intervalles ; & à moins que de grandes circonstances, ou une vertu vigoureuse dans l'administration, ne ramènent avec force aux idées de bien public,

A 4

une langueur générale s'empare de
tous les efprits, & la fociété ne paroît plus qu'un amas confus d'intérêts divers, que l'autorité fuprême
fe borne à maintenir en paix, fans
s'inquiéter d'aucune harmonie réelle,
ni d'aucune révolution favorable aux
mœurs & à la félicité publique.

C'eft du milieu de ce choc habituel, c'eft du milieu de ces contradic-
tions toujours renaiffantes, qu'un ad-
miniftrateur doué d'un efprit réfléchi
eft rappelé fans ceffe aux idées d'imperfection; il s'attrifte, fans doute, en
voyant combien eft grande la difproportion qui exifte entre fes devoirs &
fes forces; & quelquefois il fe trouble
& fe décourage, en appercevant les
obftacles qu'il doit franchir, les difficultés qu'il doit vaincre; il élève,

avec peine , quelques digues fur le rivage , les eaux groffiffent , leur cours devient plus rapide , & les premières précautions rendues infuffifantes , obligent à de nouveaux travaux , qui , renverfés à leur tour , entraînent une fucceffion continuelle de foins infructueux , & de tentatives inutiles. Que feroit-ce donc , fi le lien falutaire des idées religieufes étoit jamais rompu ? Que feroit-ce , fi l'action de ce puiffant reffort étoit jamais entiérement détruite ? On ne tarderoit pas à voir s'ébranler toutes les parties de l'architecture fociale , & la main du Gouvernement ne pourroit plus foutenir ce vafte & chancelant édifice.

Le fouverain & les loix interprètes de fa fageffe , doivent fe propofer

deux grands buts : le maintien de
l'ordre public , & l'accroiffement du
bonheur des particuliers ; mais pour
atteindre à cette double fin , le fecours de la religion eft abfolument
néceffaire. Le fouverain ne peut in-
fluer fur le bonheur que par des foins
généraux , puifque tous les fentimens
qui naiffent du caractère des hommes ,
ou fimplement des circonftances de
leur fituation privée , font hors de
fa dépendance. Il ne peut non plus
affurer l'ordre public , que par des
règles & des inftitutions uniquement
applicables aux actions , & aux actions pofitivement démontrées ; & il
faut encore que ces loix embraffent
la fociété d'une manière uniforme ,
puifqu'elles doivent tendre fans ceffe
à diminuer le nombre des exceptions,

des nuances & des modifications,
afin de prévenir les abus inséparables
des décisions arbitraires.

Telle est la marche de l'autorité
souveraine ; tel est le développement
nécessaire de ses moyens & de ses
forces. La religion, pour atteindre
aux mêmes buts, suit une route absolument différente ; & d'abord ce
n'est point d'une manière vague &
générale, qu'elle influe sur le bonheur ; c'est en s'adressant aux hommes
un à un ; c'est en pénétrant dans le
cœur de chacun d'eux en particulier,
pour y verser des consolations & des
espérances ; c'est en présentant à leur
imagination tout ce qui peut l'entraîner ; c'est en s'emparant de leurs sentimens ; c'est en occupant leur pensée ;
c'est en se servant de cet empire pour

foutenir leur courage, & pour leur
offrir des fatisfaétions jufques dans les
revers & les angoiffes de la vie. De
même, la religion concourt au maintien de l'ordre public par des moyens
abfolument diftinéts de ceux du gouvernement; car ce n'eft pas uniquement aux aétions, c'eft encore aux
fentimens qu'elle commande ; &
c'eft avec les erreurs & les penchans
de chaque homme en particulier,
qu'elle cherche à combattre. La religion, en montrant la divinité préfente
à toutes les déterminations les plus
fecrètes, exerce une autorité habituelle fur les confciences ; elle femble
affifter à leurs agitations, & les fuivre
dans leurs fubterfuges ; elle obferve
également les intentions, les projets,
les repentirs ; & dans les routes qu'elle

parcourt, elle semble aussi onduleuse & flexible en ses mouvemens, que l'empire absolu de la loi paroît immobile & contraint.

Je ne dois point, dans ce moment, étendre plus loin ces réflexions; mais si la religion achève en quelque manière l'ouvrage imparfait de la législation, si elle doit suppléer à l'insuffisance des moyens dont le gouvernement peut faire usage, le sujet que je me suis proposé de traiter, ne semble pas étranger aux objets de méditation, que l'étude de l'administration doit embrasser.

Je sais bien que l'on ne peut développer l'importance des idées religieuses, sans fixer en même temps son attention sur les grandes vérités qui leur servent d'appui; & l'on se rap-

proche ainſi de pluſieurs queſtions,
étroitement unies à la plus haute mé-
taphyſique. On eſt forcé du moins de
chercher une défenſe, contre ces
raiſonnemens, avec leſquels on parvient à ſapper le fondement des opinions les plus néceſſaires, avec leſquels on décourage tous les ſentimens
paſſionnés, & avec leſquels enfin on
voudroit faire de l'homme une plante,
de l'univers un réſultat du haſard, &
de la morale un jeu politique.

Sans doute en découvrant à l'a-
vance juſques où mon ſujet pouvoit
me conduire, je me ſuis ſenti inti-
midé; mais je n'ai pas cru néanmoins
que ce fût un motif pour renoncer
à mon entrepriſe; & puiſque la plupart des philoſophes ſont aujourd'hui
réunis contre les opinions, que les

lumières naturelles fembloient avoir
confacrées , il eft devenu prefque
néceffaire , d'admettre au combat
tous ceux qui fe préfentent ; il faut
bien prendre un champion dans le
gros de l'armée , quand tous les forts
ont paffé dans le camp ennemi.

Il n'eft rien d'ailleurs qui femble
appartenir davantage à la méditation
de tous les hommes , que les queftions
métaphyfiques ; car c'eft par la penfée
feule qu'on peut les approfondir ; la
lumière que l'on tire des connoiffances acquifes , fe perd en quelque
manière dans les abimes obfcurs qu'il
faut fonder , & à travers l'efpace immenfe qu'il faut parcourir : ainfi , il
vaut mieux , peut-être , que chacun
entre au hafard dans ces labyrinthes,
où toutes les routes déja tracées ne

mènent à aucun but. J'ai d'ailleurs
souvent obfervé que, même pour les
recherches où les fecours de la fcience
font le plus utiles, on peut encore
attacher quelque prix à cet effor
particulier de chaque efprit, qui
cherche de lui - même fes voies,
& qui, devant à la nature feule fa
modification effentielle, conferve
dans fa marche un caractère propre;
c'eft alors, & alors feulement, qu'on
n'eft point revêtu de tous les fignes
diftinctifs de l'efclavage de la penfée;
& lorfqu'en s'abandonnant à fes réflexions, on fe rapproche des idées
des autres, cette conformité n'a rien
de fervile, & l'on n'y reconnoît pas
du moins le fceau de l'imitation.

L'on voudra vainement réfifter à
l'impreffion de la vérité; l'on voudra

vainement se parer d'une ridicule
indifférence pour les anciennes opinions ; il n'y aura jamais d'idée plus
digne d'occuper notre méditation ,
il n'y aura jamais d'idée autour de
laquelle il soit plus permis d'errer
selon ses moyens & ses lumières , que
celle à jamais grande , & d'un Être
suprême & de nos rapports avec lui :
idée qui , éloignée de nous par son
immensité , vient cependant frapper
à chaque instant notre esprit , d'admiration , & notre cœur , d'espérance.
Il me semble qu'il y a des intérêts
qu'on peut considérer comme patrio-
tiques entre tous les êtres intelligens
& sensibles ; & tandis que les habitans d'un même pays , les sujets du
même prince , s'occupent soigneusement d'un plan commun de défense ;

B

les citoyens de la terre, doivent s'inquiéter, sans cesse, des nouveaux
appuis qu'on peut donner aux opinions sublimes qui fondent la véritable grandeur de leur être, & qui pré-
servent l'imagination de l'effrayant
spectacle d'une existence sans origine, d'une action sans liberté, &
d'un avenir sans espérance. Ainsi,
après m'être montré, que je pense,
citoyen de la France par mon administration & par mes écrits, je veux
essayer de m'unir à une confrater-
nité plus étendue, celle de l'humanité entière : c'est ainsi que, sans dis-
perser ses sentimens, on peut néanmoins se communiquer au loin, & re-
culer en quelque manière les limites
de son enceinte ; honneur en soit à la
pensée ! à cette partie spirituelle de

nous-mêmes, qui peut embraſſer le paſſé, s'élancer dans l'avenir, & s'aſſocier intimement à la deſtinée des hommes de tous les pays & de tous les temps. Sans doute, un voile eſt jetté ſur la plus grande partie des vérités auxquelles notre curioſité voudroit atteindre; mais celles qu'un Dieu bienfaiſant a laiſſé paroître à nos yeux, ſuffiſent pour nous guider & pour nous inſtruire; & l'on ne pourroit en détourner conſtamment ſon attention, ſans une ſorte d'aſſoupiſſement, & ſans une véritable indifférence pour les grands intérêts de l'homme. Que tout eſt petit, en effet, près de ces méditations qui donnent à notre exiſtence une nouvelle étendue, & qui, en nous détachant de la pouſſière de la terre, ſemblent unir

B 2

notre ame à l'espace infini , & notre durée d'un jour à l'éternité des temps ! C'est à vous sur-tout à en juger, ames senfibles, qui avez le befoin d'un Être suprême , & qui cherchez en lui ce foutien fi néceffaire à votre foibleffe, & ce défenfeur, ce garant, fans lequel une pénible inquiétude viendroit troubler fans ceffe , les douces & touchantes affections qui compofent votre bonheur.

Cependant, on doit le dire ; jamais, peut-être, il ne fut plus effentiel de rappeller aux hommes l'importance des idées religieufes. Elles ne font plus aujourd'hui que des préjugés, fi l'on en croit l'efprit de licence & de légéreté, les loix dictées par le bon ton , & plus effentiellement encore les inftructions philofophiques, qui excitent & qui rallient ces différens écarts de l'imagination & de la vanité.

Il n'eſt aucune religion, ſans doute, à laquelle on n'ait réuni des idées plus ou moins myſtiques, & dont l'évidence n'étoit pas proportionnée au langage affirmatif & au ton d'autorité dont on ſe ſervoit pour les enſeigner & pour les défendre ; ainſi l'on a pu être encouragé dans tous les temps à diſputer ſur quelques parties du culte dont chaque nation a fait choix ; mais c'eſt principalement de nos jours que s'eſt élevée une claſſe d'hommes diſtingués par leur eſprit & par leurs talens, & qui, ſe laiſſant aller à l'enivrement d'une victoire facile, ont porté plus loin leur ambition, & n'ont pas craint d'attaquer juſques au corps

B 3

de réferve de l'armée dont ils avoient fait plier les premiers rangs.

Cette lutte entre des perfonnes dont les unes veulent commander impérieufement à la foi, tandis que les autres croient pouvoir rejetter avec mépris tout ce qui n'eft pas démontré, fera toujours un combat fans utilité, & ne fervira qu'à nourrir des haines aveugles & des injuftes dédains. On cherche à bleffer fes adverfaires, on s'attache à les humilier; mais le bien des hommes & le véritable avantage focial, font abfolument perdus de vue. Oui, l'amour réel des vérités utiles, leur recherche impartiale & le defir de les faire connoître, ces fentimens fi doux & fi dignes d'eftime, femblent être entiérement inconnus. Je vois, qu'il me foit permis de le dire ; je vois aux deux extrémités de l'arène, le farouche inquisiteur & le philosophe inconsidéré : mais ni les bûchers allumés par les uns, ni les dérisions employées par les autres , ne répandront jamais d'instruction salutaire ; & aux yeux d'un homme raisonnable , l'intolérance monachale n'ajoute pas plus à l'empire des vraies idées religieuses , que les plaisanteries de quelques beaux-esprits n'ont ménagé de justes triomphes à la philosophie.

C'est à travers ces sentimens extrêmes, & au milieu de ces écarts également dangereux, que l'on doit essayer de tracer une route ; mais comme toutes les opinions des hommes sont soumises à des révolutions ; aujourd'hui, que les esprits s'éloignent davantage des maximes d'intolérance , ce font les idées religieufes qui ont principalement befoin d'appui ; & tel eft leur affoibliffement journalier , qu'on femble déja préparer publiquement les moyens d'y fuppléer. On n'entend parler depuis quelque temps , que de la néceffité de compofer un catéchifme de morale , où l'on ne feroit aucun ufage des principes religieux ; refforts vieillis & qu'il eft temps de mettre à l'écart. Sans doute on attaqueroit plus fûrement ces mêmes principes , fi l'on parvenoit jamais à les préfenter comme inutiles au maintien de l'ordre public , & fi les froides leçons d'une philofophie politique pouvoient tenir lieu de ces idées fublimes qui , par le nœud fpirituel de la religion, lient le cœur & l'esprit à la plus pure morale. Cherchons donc, examinons si nous devons gagner quelque chose à cet échange ; voyons si les motifs dont on se propose de faire usage, peuvent être mis en parallèle avec ceux dont ils doivent prendre la place ; voyons s'ils sont plus solides & plus efficaces ; voyons si la nouvelle doctrine qu'on recommande, répandroit dans nos ames les mêmes consolations ; voyons si elle est faite pour les cœurs sensibles ; & sur-tout considérons attentivement si elle peut convenir à la mesure d'intelligence & à la situation sociale du plus grand nombre des hommes ; enfin, en parcourant les diverses questions qui se rapportent de quelque manière à l'important sujet que nous

avons entrepris de traiter, ne crai-
gnons point de réfifter, felon nos
forces, à la folle ambition de ceux
qui veulent fe fervir de la fupériorité
de leurs lumières, pour ôter à l'homme
toute fa majefté, pour l'unir à la
pouffière qu'il foule de fes pieds, &
pour lui faire un fupplice de fa prévoyance : trifte & déplorable deftinée, dont il nous eft permis de chercher à nous défendre ; opinion cruelle
& défaftreufe, qui déracine tout autour d'elle, qui relâche les liens les
plus néceffaires, & qui détruit dans
un inftant le plus doux charme de la
vie.

O Dieu inconnu ! mais dont l'idée
bienfaifante a toujours rempli mon
ame, fi tu jettes un regard fur les
efforts que l'homme fait pour s'ap-

procher de toi, foutiens mon courage, éclaire ma raifon, élève ma
penfée, & ne rejette point le defir
que j'aurois d'unir encore davantage,
s'il étoit poffible, l'ordre & le bonheur des fociétés, à la conception intime de ta divinité, & à l'idée pénétrante de ta fublime exiftence.

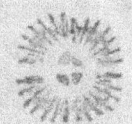

DE L'IMPORTANCE

DES

OPINIONS RELIGIEUSES.

CHAPITRE PREMIER.

Sur le rapport des idées religieuses avec l'ordre public.

ON ne connoît pas distinctement l'origine de la plupart des sociétés politiques ; mais au moment où l'histoire nous montre les hommes réunis en corps de nation, on apperçoit en même temps l'établissement d'un culte public, & l'application des idées religieuses au maintien des loix d'ordre & de

fubordination. Ce font ces idées religieufes
qui, par la puiffance du ferment, lioient
le peuple aux magiftrats, & les magiftrats
à leurs promeffes; ce font elles qui infpi-
roient un faint refpect pour les engagemens
contractés entre les Souverains; ce font
encore ces idées religieufes qui, plus do-
minantes que la difcipline, retenoient les
foldats auprès du Général; ce font enfu
ces mêmes opinions qui, par leur influence
fur les mœurs particulières, produifirent un
nombre infini de belles actions & de traits
de dévouement perfonnel, dont l'hiftoire
nous a tranfmis le fouvenir: mais comme
c'eft auffi parmi les nations les plus éclairées,
qu'on a vu s'élever une philofophie occu-
pée, fans relâche, d'enlever à la religion
tout ce qu'elle avoit d'impofant, les dif-
fertations fur les temps éloignés de nous,
& les divers fyftêmes qu'on s'efforceroit
d'y affocier, deviendroient une fource in-
terminable de controverfes. C'eft donc par
le raifonnement feul, c'eft par cette action
de l'efprit, qui appartient également à tous

les pays & à tous les fiècles, que nous fou-
tiendrons la caufe dont nous avons pris en
main la défenfe. Il y a peut-être quelque
chofe de foible & de fervile dans le fecours
qu'on veut tirer des anciennes opinions; la
raifon ne doit point, comme la vanité, fe
parer de vieux parchemins & déployer un
arbre généalogique; il faut que plus fuperbe
en fa marche, & fière de fa nature immortelle, elle emprunte tout d'elle-même; il
faut qu'elle fe paffe d'ancêtres, & qu'elle
foit, pour ainfi dire, contemporaine de
tous les âges.

Il étoit réfervé, particuliérement à notre
fiècle, d'attaquer jufqu'à l'utilité de la religion, & de chercher à remplacer fon active influence par les inftructions inanimées
d'une philofophie politique. Cette religion,
dit-on, eft un échafaudage qui tombe en
ruines, & il eft temps de donner à la morale
un appui plus folide. Mais quel fera-t-il cet
appui? Il faut, pour le découvrir; il faut,
pour s'en former une jufte idée, confidérer
féparément les différens mobiles qui dépen-

dent des relations que les hommes ont entre eux ; & il sera nécessaire d'apprécier ensuite, le genre & le degré d'assistance qu'on peut raisonnablement attendre d'une pareille force.

Il me semble qu'en renonçant aux secours efficaces de la religion, on peut aisément se former l'idée des moyens dont on chercheroit à faire usage, pour attacher les hommes à l'observation des règles de la morale, & pour contenir les écarts dangereux de leurs passions. On feroit valoir, sans doute, les rapports qui peuvent exister entre l'intérêt particulier & l'intérêt général ; on se serviroit de l'empire des loix & de la crainte des punitions, & l'on se confieroit encore à l'ascendant de l'opinion publique, & à l'ambition, que chacun doit avoir, de l'estime & de la confiance des autres.

Examinons séparément ces différens motifs ; & en arrêtant d'abord notre attention sur l'union de l'intérêt personnel avec l'intérêt public, voyons si cette union est réelle, & si l'on peut tirer d'un pareil principe

aucun

aucune instruction de morale véritablement
efficace.

IL s'en faut bien que la société soit une
œuvre parfaite ; il s'en faut bien qu'on doive
considérer comme une composition har-
monieuse , les différens rapports dont nous
sommes les témoins , & sur-tout ce contraste habituel de puissance & de foiblesse ,
d'esclavage & d'autorité , de richesse &
d'infortune , de luxe & de misère ; tant
d'inégalités, tant de bigarrures, ne sauroient
former un édifice imposant par la justesse
de ses proportions.

L'ordre civil & politique n'est donc point
excellent par sa nature , & l'on ne peut en
appercevoir la convenance, qu'après avoir
fait une étude réfléchie , & des considérations que les législateurs avoient à ménager,
& des difficultés qu'ils avoient à vaincre.
C'est alors seulement, qu'avec le secours
de la méditation la plus attentive , on parvient à découvrir comment les relations
singulières établies par les loix sociales ,

C

forment néanmoins le fyftême d'équilibre le
plus propre à lier enfemble une immenfe
diverfité d'intérêts; mais c'eft déjà un grand
obftacle à l'influence d'une morale politique, que la néceffité de donner pour bafe
à l'amour de l'ordre, une idée abftraite &
compliquée. Que peut fur les efprits vul-
gaires l'harmonie fcientifique de l'enfemble, près de ce fentiment journalier d'injuftice & d'inégalité, qui naît à l'afpect de
chaque partie de la conftitution fociale,
lorfqu'on en prend connoiffance d'une manière ifolée ou circonfcrite? Et combien
eft borné le nombre de ceux qui peuvent
rapprocher fans ceffe tous les anneaux épars
de cette vafte chaîne !

On ne fauroit éviter, dans les fociétés les
mieux ordonnées, que les uns ne jouiffent,
fans travail & fans peine, de toutes les
commodités de la vie, & que les autres,
en beaucoup plus grand nombre, ne foient
forcés de chercher, à la fueur de leur front,
la fubfiftance la plus étroite, la récompenfe
la plus limitée. On ne fauroit éviter que les

uns ne trouvent, dans leurs maladies, tous les secours que l'empreſſement & l'intelligence peuvent offrir, tandis que d'autres font réduits à partager, dans un afyle public, les modiques ſecours que l'humanité du prince affure à l'indigence. On ne ſauroit éviter que les uns ne ſoient en état de prodiguer à leur famille tous les avantages d'une longue éducation, tandis que d'autres, impatiens de s'affranchir d'une charge pénible, font contraints d'épier le premier développement des forces phyſiques, pour appliquer leurs enfans à quelque travail lucratif. Enfin, on ne ſauroit éviter que le ſpectacle de la magnificence ne contraſte ſans ceſſe avec les haillons de la miſère. Tels font les effets inſéparables des loix de propriété. C'eſt une vérité dont j'ai eu occaſion de diſcuter les principes, dans les ouvrages que j'ai compoſés ſur l'Adminiſtration & ſur l'Économie politique; mais je dois la rappeler ici, puiſqu'elle ſe trouve étroitement liée à d'autres vues générales. Le pouvoir éminent de la propriété eſt une

des inftitutions fociales dont l'influence a
le plus d'étendue ; cette confidération étoit
applicable aux droits du peuple dans la légiflation fur le commerce des grains ; elle
devoit être préfente à l'efprit, dans la recherche des devoirs de l'adminiftration ;
elle eft encore importante, quand il eft
queftion d'examiner le genre d'inftruction
morale qui peut convenir aux hommes.

En effet, s'il appartenoit à l'effence des
loix de propriété, d'introduire & de maintenir conftamment des difparités immenfes,
dans la diftribution des biens ; s'il appartenoit à l'effence de ces loix, de réduire au
plus fimple néceffaire la claffe la plus nombreufe des citoyens ; le réfultat inévitable
d'une femblable conftitution feroit d'entretenir, au milieu des hommes, un fentiment
habituel d'envie & de jaloufie. Vainement
démontreroit-on que ces loix font les feules
capables d'exciter le travail, d'animer l'in-
duftrie, de prévenir le défordre, & d'oppofer des obftacles aux actes arbitraires de
l'autorité ; toutes ces confidérations fuffi-

fantes, fans doute, pour fixer l'opinion &
la volonté du légiflateur, ne fauroient frapper de la même manière, l'homme jetté fur
la terre, fans biens, fans reffources & fans
efpérances; & il ne rendra jamais un hommage libre à la beauté d'un enfemble, où
il n'y a pour lui, que laideur, abjection &
mépris.

Les hommes, dans la plupart de leurs
raifonnemens politiques, font trompés par
des vraifemblances & des analogies; l'intérêt de la fociété eft fans doute un compofé des intérêts de tous fes membres; mais
il ne réfulte point de cette explication, qu'il
y ait une correfpondance immédiate &
conftante entre l'intérêt général & l'intérêt
particulier; un femblable rapprochement,
une telle identité, ne pourroient être applicables qu'à un être focial imaginaire, &
qu'on fe repréfenteroit divifé en plufieurs
parties, dont les riches feroient la tête, &
les pauvres les pieds & les mains; mais la
fociété politique n'eft un feul & même
corps que fous de certains rapports, tandis

C 3

que relativement à d'autres intérêts, elle se partage en autant de ramifications que d'individus.

Les considérations qu'on revêt du nom d'intérêt général, seroient le plus souvent susceptibles d'une infinité d'observations; mais il est des principes, qu'on a l'habitude de recevoir & de transmettre, dans leur acception la plus commune; & l'on ne découvre les idées mixtes dont ils sont composés, qu'au moment où l'on analyse ces principes, pour en tirer des conséquences; de même, à-peu-près, qu'on n'apperçoit la diversité des couleurs d'un rayon de lumière, qu'au moment où, à l'aide du prisme, on parvient à le diviser.

L'organisation des loix sociales doit paroître, avec raison, l'une de nos plus admirables conceptions; mais ce système n'est pas tellement lié dans toutes ses parties, qu'un désordre frappant soit toujours l'effet nécessaire de quelques mouvemens irréguliers: ainsi l'homme infracteur des loix ne découvre pas rapidement le rapport de ses actions

avec l'intérêt de la société ; mais c'est à l'instant & sans délai, qu'il jouit, ou croit jouir
de ses usurpations.

Que le feu prenne à une salle de spectacle, il est sans doute de l'intérêt général
de l'assemblée que chacun sorte avec ordre ;
mais si les personnes les plus éloignées de
l'issue croient pouvoir échapper plutôt au
danger, en se faisant jour à travers la foule
qui les environne, elles se détermineront sûre-
ment à cette violence, à moins qu'une force
coercitive ne les en empêche : cependant,
l'utilité commune de s'astreindre à une règle
en pareilles circonstances, paroît une idée
plus simple & plus distincte, que ne l'est,
au milieu des sociétés, l'importance universelle du maintien de l'ordre civil.

Le seul défenseur naturel de cet ordre,
c'est le Gouvernement ; sa fonction l'oblige
à ne jamais considérer que l'ensemble ; mais
le besoin qu'il a de puissance pour faire
exécuter ses décrets, prouve évidemment
qu'il est l'adversaire de plusieurs, lorsqu'il
agit au nom de tous.

C 4

On se livreroit donc à une grande illusion, si l'on espéroit pouvoir fonder la morale sur la liaison de l'intérêt particulier avec l'intérêt public, & si l'on imaginoit que l'empire des loix sociales pût se passer de l'appui de la religion.

L'autorité de ces loix n'a rien de décisif, pour ceux qui n'ont jamais assisté à leur établissement ; & quand on donneroit aux distinctions héréditaires de propriété l'origine la plus reculée, il n'en est pas moins vrai, que les nouveaux-venus sur la terre, frappés du partage inégal de son riche domaine, & n'appercevant nulle part des limites & des lignes de séparation, tracées par la nature, auroient quelque droit à dire : ces pactes, ces partages, ces diversités de lots, qui procurent aux uns l'abondance & le repos, aux autres le travail & la pauvreté, toute cette législation enfin, n'est bonne qu'à un petit nombre d'hommes privilégiés ; & nous n'y souscrirons, qu'autant que la crainte d'un danger personnel nous y contraindra. Qu'est-ce donc, ajou-

teroient-ils, que ces idées de juſte & d'in-
juſte, dont on nous entretient? Qu'eſt-ce que
ces diſſertations ſur la néceſſité d'adopter
un ordre quelconque de ſociété, & d'en
obſerver les règles? Notre eſprit ne ſe plie
point à des principes qui, généraux dans
la théorie, deviennent particuliers dans l'application. Nous trouvions des dédommage-
mens & des compenſations, quand les idées
de vertu, de ſoumiſſion & de ſacrifice,
ſe lioient à une opinion religieuſe; quand
nous croyions compter de nos actions avec
un Être ſuprême, dont nous adorions les
loix & la volonté, dont nous avions tout
reçu, & dont l'approbation ſe préſentoit à
nos yeux, comme un motif d'émulation &
un objet de récompenſe: mais ſi les bornes
rapprochées de la vie, fixent l'étroite enceinte où tous nos intérêts doivent ſe ren-
fermer, où toutes nos ſpéculations & nos
eſpérances doivent s'arrêter, quel reſpect
devons-nous à ceux que la nature a formés
nos égaux? à ces hommes ſortis d'une terre
inſenſible, pour y rentrer avec nous, & s'y

perdre à jamais dans la même poussière ? Ils n'ont imaginé les loix de la justice, que pour être des usurpateurs plus tranquilles. Qu'ils descendent de leur haute fortune, qu'ils se mettent à notre niveau, ou nous présentent du moins un partage moins inégal, & nous pourrons concevoir, que l'observation des loix de propriété nous est importante ; jusques-là, nous aurons de justes motifs pour être les ennemis d'un ordre civil, dont nous nous trouvons si mal ; & nous ne comprendrons point comment, au milieu de tant de biens qui nous font envie, c'est au nom de notre propre intérêt que nous devons y renoncer.

Tel est le langage secret que ne manqueroient pas de tenir les hommes accablés par la détresse de leur situation, ou simplement ceux qui, dans un état habituel d'infériorité, se trouveroient continuellement blessés par le spectacle du luxe & de la magnificence.

Il ne seroit point aisé de combattre ces sentimens, en essayant de peindre avec

force , & la vanité de tous les plaifirs , &
l'illufion de la plupart des objets qui captivent notre ambition , & les ennuis qui
marchent à leur fuite. Ces réflexions , fans
doute , ont leur puiffance & leur efficacité;
mais fi l'on y prend garde , tout ce que nous
appellons confolations dans le monde , ne
peut être adreffé , avec fruit , qu'aux ames
préparées aux fentimens doux, par les idées
plus ou moins confufes de la religion &
de la piété ; on ne peut pas relever de
même le ftérile & farouche abattement de
l'homme malheureux & jaloux , qui a rejetté loin de lui toutes les efpérances : con-
centré dans les feuls intérêts d'une vie qui
eft pour lui le temps & l'univers , c'eft la
paffion du moment qui l'enchaîne , & rien
ne peut l'en dégager; il n'a plus le moyen
de fe prendre à aucune idée vague , il n'a
plus le moyen de s'en contenter; & comme
la raifon elle - même a befoin , à chaque
inftant , du fecours de l'imagination , il ne
peut plus être encouragé , ni par les difcours
de fes amis, ni par fes propres réflexions.

D'ailleurs, si l'on peut soutenir, en général, que les lots de bonheur & de malheur sont plus égaux qu'on ne pense ; si l'on peut avancer, avec des motifs raisonnables, que le travail est préférable à l'oisiveté ; si l'on peut dire, avec vérité, que les embarras, les inquiétudes, accompagnent souvent la richesse, & que le contentement d'esprit paroît le partage de la médiocrité, on doit convenir en même temps que ces axiomes ne sont parfaitement justes qu'aux yeux des moralistes qui prennent l'homme dans un grand espace, & qui font le calcul de toute une vie : mais, au milieu du cours journalier des desirs & des espérances, il est impossible de vouloir exciter au travail par l'espoir de la fortune, & de médire en même temps de cette fortune, en décriant les plaisirs & les commodités qu'elle procure. Les idées subtiles, sans excepter celles qui sont susceptibles d'être défendues, ne peuvent jamais être applicables aux circonstances actives ; & si l'on se sert quelquefois avec succès de ces sortes de réflexions pour adoucir les regrets, c'est qu'on n'a plus alors à combattre que des ombres.

Enfin, lors même qu'on réduiroit en préceptes, toutes les réflexions connues sur l'illusion de la plupart des supériorités d'état & de fortune, on ne sauroit empêcher que les esprits les plus grossiers, ne fussent continuellement frappés de l'inégalité extérieure des différens marchés que le riche fait avec le pauvre ; on diroit, dans ce moment-là, qu'une partie des hommes n'a été formée que pour la commodité de l'autre ; le pauvre sacrifie son temps & ses forces pour multiplier, autour du riche, les satisfactions de tout genre ; & celui-ci, lorsqu'il donne en échange la plus étroite subsistance, ne s'impose aucune privation ; puisque l'étendue de ses besoins physiques est bornée par les loix de la nature : l'égalité n'est donc rétablie que par la lassitude & l'ennui qui naissent de la jouissance même des plaisirs. Mais ces dégoûts composent le lointain dans le tableau de la vie ; le peuple ne les apperçoit point ; & comme il n'a

jamais connu que les befoins, il ne peut
fe former aucune idée des langueurs de nos
diverfes fatiétés.

Dira-t-on imprudemment, que fi les
diftinctions de propriétés font un obftacle
à l'établiffement d'une morale politique, il
faut travailler à les détruire ? Mais fi dans
ces âges reculés, où les divers degrés de
talens & de connoiffances fe rapprochoient
infiniment davantage, les hommes n'ont pu
conferver, ni la communauté des biens, ni
l'égalité des partages ; imagineroit-on que
ces relations primitives puffent être rétablies
dans un temps où la difparité des moyens
s'eft confidérablement accrue, & dans un
temps où toutes les fupériorités d'état & de
puiffance font confolidées par la force immuable des armées difciplinées ?

D'ailleurs, lors même que dans la com-
pofition d'un monde idéal, on auroit in-
troduit la divifion la plus exacte des divers
biens eftimés par les hommes, il faudroit
encore, pour maintenir un fyftême réel
d'égalité, que chacun exécutât fidellement

les devoirs imposés par la morale universelle , puisque c'est la part de chaque individu , aux sacrifices de tous les membres de la société , qui doit dédommager
chaque citoyen en particulier , des privations auxquelles il se soumet lui-même.

Il est essentiel d'observer encore , que ce
n'est pas seulement l'intérêt personnel éclairé
qu'il faut lier à l'ordre public; c'est ce même
intérêt égaré par des passions , & alors un
simple guide ne suffit plus ; c'est un joug
qu'il faut imposer ; c'est un frein toujours
agissant qu'il faut absolument employer :
& rien n'est plus chimérique , que de prétendre retenir un homme entraîné par une
imagination impétueuse, en essayant de rappeler à son souvenir des principes & des
instructions, qui, aux termes du programme
de l'académie (1), doivent être le *résultat
de l'analyse , de la méthode , de l'art de*

---

(1) Programme donné par l'Académie Françoise , à
l'occasion d'un Prix qu'elle doit décerner au meilleur
catéchisme de morale, dont les instructions seront fondées
sur les seuls principes du droit naturel.

diviser, de définir, de développer les idées, & de les circonscrire.

Ce seroit déjà une entreprise hardie, que de vouloir conduire tous les hommes par la seule raison, puisque la première chose que cette raison découvre, c'est sa propre foiblesse ; mais quand on a besoin de s'appuyer sur des maximes susceptibles de controverses ; quand on veut opposer au mouvement rapide de l'intérêt personnel, une morale qui ne peut agir qu'avec le concours d'une réflexion profonde ; on nous rappelle alors cette doctrine des premiers économistes, qui, en établissant des principes exagérés sur la liberté du commerce des grains, s'en remettoient à l'*évidence* du soin de vaincre ou de prévenir les émotions populaires.

Il me semble que les faux raisonnemens sur l'union de l'intérêt personnel avec l'intérêt public, viennent de ce qu'on applique à l'état présent des sociétés, les principes qui ont servi de base à leur formation ; cette confusion très-naturelle est une grande source d'erreurs.

d'erreurs. Tâchons de rendre senfible une propofition qui paroît d'abord difficile à faifir; &, dans cette vue, fuppofons pour un moment la génération future raffemblée en efprit dans un monde idéal; & ignorant, avant d'habiter la terre, quels font les individus qui naîtront de parens comblés des faveurs de la fortune, & quels font ceux que la mifère affiégera dès le berceau. On les inftruit feulement des principes du droit civil; on leur développe la convenance des loix de propriété, & on leur fait un tableau du défordre qui feroit l'effet inévitable d'une variation continuelle dans le partage des biens; alors tous ceux qui doivent compofer la génération nouvelle, incertains également de la chance que leur réferve le hafard de la naiffance, foufcrivent unanimement aux événemens qui les attendent; & dans un pareil inftant, où les rapports de fociété n'exiftent qu'en fpéculation, on peut dire, avec vérité, que l'intérêt perfonnel fe trouve confondu dans l'intérêt public; mais cette identité ceffe, quand chacun, arrivé fur la

D

terre, a pris possession de son lot ; il n'est plus possible alors que tous les intérêts personnels concourent au maintien de ces gradations prodigieuses de rang & de fortune, qui dérivent du hasard de la naissance ; & ceux auxquels il n'est échu que des peines & des privations, ne se résigneront à l'infériorité de leur état que par un sentiment religieux, le seul qui peut leur faire appercevoir une justice éternelle, & les placer en imagination, avant le temps & avant les loix.

Il n'est rien de si aisé, que d'établir des conventions & de faire observer des règles au moment du tirage d'une loterie ; chacun alors, au même point de perspective, trouve tout bien, tout juste & tout ingénieux, & l'on est en paix d'un commun accord ; mais à mesure que les bons & les mauvais lots sont connus, l'esprit change, l'humeur s'aigrit ; & sans le frein de l'autorité, on se montreroit difficile, envieux, querelleur, & quelquefois injuste & violent.

On voit cependant, à la suite des réflexions

précédentes, que la société politique en
projet, & la société politique en action,
offrent à l'observation deux époques différentes ; & comme ces époques ne font fé-
parées par aucune limite apparente, elles
fe confondent prefque toujours dans l'efprit
des moralistes politiques. Celui qui croit à
l'union de tous les intérêts particuliers avec
l'intérêt public, & qui célèbre cette harmonie, n'a confidéré la société que dans fon
plan général & primitif; celui qui penfe, au
contraire, que tout eft mal & fans accord,
parce qu'il y a de grandes différences de
pouvoir & de fortune, n'a confidéré la
société que dans fon mouvement actuel de
rotation. L'une & l'autre de ces deux méprifes ont été confacrées par des écrivains
célèbres. L'homme entraîné par une imagination vive, l'homme fortement faifi par
les objets préfens, a dû n'être frappé que
de l'inégalité des conditions ; & le Philofophe qui fe tranfporte, par fes abftractions,
au-delà, pour ainfi dire, de la circonférence
des fociétés, a dû n'appercevoir que les

rapports & les principes qui ont déterminé la première formation des loix civiles. Ainsi, par-tout, on voit que la plupart des disputes tiennent à la différence des positions, & à la variété des points de vue ; il y a tant de places dans le monde moral, que selon celle qu'on choisit, le tableau change entiérement.

Jusqu'a présent, nous avons tâché de connoître l'effet qu'on pouvoit attendre d'un traité de morale, en rapportant seulement ce genre d'instruction à l'intérêt personnel le plus éclairé. Il nous reste à montrer que toute espèce d'éducation, qui demande du temps & de la réflexion, ne peut convenir, en aucune manière, à la classe la plus nombreuse des hommes ; & pour sentir cette vérité, il suffit d'arrêter son attention sur l'état social de tous ceux qui sont dénués de propriétés, & dépourvus des talens qui peuvent y suppléer ; obligés de recourir à un travail grossier, & où l'on n'exige que l'emploi des forces physiques, leur concurrence

& l'empire de la richeſſe réduiſent le ſalaire de cette claſſe nombreuſe au néceſſaire le plus abſolu ; ils ne ſauroient donc ſubvenir qu'avec peine, à l'entretien de leurs enfans ; & ils doivent être tellement impatiens de les appliquer à des occupations utiles, qu'ils ne peuvent les envoyer dans les lieux publics d'inſtruction, que pendant les premiers inſtans de la vie ; ainſi, l'ignorance & la pauvreté ſont, au milieu de nos ſociétés, le lot héréditaire de la plus grande partie des citoyens ; il n'y a d'adouciſſement à cette loi générale, que dans les pays où la conſtitution du Gouvernement ſoutient le prix des ſalaires, & donne, au peuple, quelques moyens de réſiſtance, contre le deſpotiſme de la fortune & de la propriété. Cependant, ſi tel eſt l'effet inévitable de notre légiſlation civile & politique, comment pourrions - nous imaginer de lier les hommes, indiſtinctement, au maintien de l'ordre public, par aucune inſtruction, je ne dis pas compliquée, mais où l'exercice d'un long raiſonnement fût ſeulement un

préalable nécessaire ? Il ne suffiroit pas alors
de donner des appointemens aux institu-
teurs , il faudroit encore payer le temps des
écoliers ; puisque , pour les gens du peuple ,
ce temps est , dès le plus bas âge , leur unique
moyen de subsistance.

Cependant la morale n'est point, comme
toutes les autres sciences humaines, une connoissance , qu'on soit libre d'acquérir plus
ou moins lentement ; l'instruction la plus
prompte est encore trop tardive , puisque
l'homme a le pouvoir physique de faire du
mal, avant que son esprit soit en état de
s'adonner à la réflexion , & d'enchaîner les
idées les plus simples.

Ce n'est donc pas un catéchisme politique qu'il faut destiner à l'instruction du
peuple ; ce n'est pas un cours d'enseignemens fondé sur les rapports de l'intérêt personnel avec l'intérêt public , qui peut convenir à la mesure de son intelligence ; &
quand une pareille doctrine seroit aussi juste
qu'elle me paroît susceptible de contradic-
tions, on ne pourroit jamais en rendre les

principes affez diftinĉts , pour la mettre à
l'ufage de tous ceux dont l'éducation ne
dure qu'un moment. La morale religieufe,
par fon aĉtion rapide , fe trouve exaĉte-
ment appropriée à la fituation finguliére du
plus grand nombre des hommes ; & cet
accord eft fi parfait , qu'il femble un des
traits remarquables de l'harmonie univerfelle. La morale religieufe eft la feule qui
puiffe perfuader avec célérité, parce qu'elle
émeut en même temps qu'elle éclaire ; parce
que feule , elle a le moyen de rendre fenfible tout ce qu'elle recommande ; parce
qu'elle parle au nom d'un Dieu, & qu'il
eft aifé d'infpirer du refpeĉt pour celui dont
la puiffance éclate de toutes parts, aux yeux
des fimples & des habiles, aux yeux des
enfans & des hommes faits.

Qu'on ne dife point, pour attaquer cette
vérité , que l'idée d'un Dieu eft la plus in-
compréhenfible de toutes ; & que fi l'on
peut faire découler des leçons utiles d'un
principe fi métaphyfique, on doit attendre
bien davantage des préceptes qui feront

D 4

appuyés sur les rapports communs de la
vie. Une telle objection est purement sub-
tile ; la connoissance distincte de l'essence
d'un Dieu, créateur du monde, est, sans
doute, au-dessus de l'intelligence des hommes de tout âge & de toutes facultés; mais il
n'en est pas de même de l'idée vague d'une
puissance céleste, qui punit & qui récompense; l'autorité paternelle & la foiblesse
de l'enfance, préparent de bonne heure
aux idées d'assujettissement & d'empire; &
le monde est une si grande merveille, un
théâtre si continuel de prodiges, qu'il est
aisé de lier de bonne heure la crainte &
l'espérance au sentiment d'un Être suprême.
Aussi, bien loin que l'infinité d'un Dieu,
créateur & moteur de l'univers, puisse détourner du respect & de l'adoration, ce sont
les ténèbres dont il s'enveloppe, qui prêtent
une nouvelle force aux idées religieuses;
l'homme demeure froid, très-souvent, au
milieu des découvertes de sa raison; mais
il est toujours facile à émouvoir, toutes les
fois qu'on s'adresse à son imagination; car

cette faculté de notre esprit nous excite à
une action continuelle, en découvrant à
nos yeux un grand espace, & en nous
tenant toujours à une certaine distance du
but. L'homme est tellement disposé à s'étonner d'un pouvoir dont il ignore les ressorts,
ce sentiment est en lui tellement inné, que
ce dont on doit se défendre le plus dans
son éducation, c'est de l'insinuation incon-
sidérée des diverses terreurs dont il est susceptible. Ainsi, non pas seulement l'idée à
jamais vraie de l'existence d'un Dieu tout-
puissant, mais simplement la foi crédule
aux opinions les plus superstitieuses, aura
toujours plus d'empire sur la classe commune des hommes, que des enseignemens
abstraits, ou des considérations générales.
Je ne sais même, si l'on ne pourroit pas
dire, avec vérité, que l'avenir de cette
courte vie, quand il ne nous est présenté
que par l'esprit, est moins rapproché de
nous que le spectacle lointain offert à nos
yeux par la religion, parce que c'est notre
sentiment qui s'avance vers celui-ci, &

que les descriptions les plus distinctes de la
raison ne peuvent jamais égaler, en pouvoir, l'ardeur pressante d'un mouvement de
notre ame.

Je reprends la suite de mes réflexions,
& je place ici une observation importante :
c'est que plus l'étendue des impôts entretient le peuple dans l'abattement & dans la
misère, plus il est indispensable de lui donner
une éducation religieuse; car c'est dans l'irri-
tation du malheur, qu'on a sur-tout besoin,
& d'une chaine puissante, & d'une consolation journalière. Les abus successifs de la
force & de l'autorité, en bouleversant tous
les rapports qui existoient originairement
entre les hommes, ont élevé, au milieu
d'eux, un édifice tellement artificiel, & où
il règne tant de disproportion, que l'idée
d'un Dieu y est devenue plus nécessaire que
jamais, pour servir de nivellement à cet
assemblage confus de disparités de tout
genre ; & si l'on pouvoit jamais se prêter
à imaginer l'existence d'un peuple soumis
uniquement aux loix d'une morale politique,

on fe repréfenteroit, fans doute, une nation
naiffante, & qui feroit contenue par la
vigueur d'un patriotifme encore dans fa
pleine jeuneffe, une nation qui occuperoit
un pays où les richeffes n'auroient pas eu
le temps de s'accumuler, où la diftance des
habitations, les unes des autres, contribueroit au maintien des mœurs domeftiques,
où l'agriculture, cette occupation fimple &
paifible, conftitueroit la principale ambition, où la main-d'œuvre obtiendroît une
récompenfe proportionnée à la rareté des
ouvriers, & à la vafte étendue des travaux
utiles; on fe repréfenteroit enfin une nation
où les loix & la forme du Gouvernement
favoriferoient, pendant long-temps, l'égalité des rangs & celle des propriétés. Mais
dans nos anciens Etats de l'Europe, où l'accroiffement des richeffes augmente continuellement la différence des fortunes & la
diftance des conditions; mais dans nos vieux
corps politiques, où nous fommes ferrés
les uns contre les autres, & où la mifère
& la magnificence fe trouvent fans ceffe

entremêlées, il faut nécessairement une morale fortifiée par la religion, pour contenir
ces nombreux spectateurs de tant de biens
& d'objets d'envie, & qui, placés si près
de tout ce qu'ils appellent le bonheur, ne
peuvent jamais y prétendre.

On demandera peut-être, à la suite de
ces réflexions, si la religion, qui affermit
tous les liens, & qui fortifie toutes les obligations, n'est pas favorable à la tyrannie:
une telle conséquence ne seroit pas raisonnable; il faut bien que la religion, confo-
latrice de tant d'afflictions, adoucisse également les maux qui naissent du despotisme;
mais elle n'en est ni l'origine, ni le sou-
tien: cette religion bien entendue, ne doit
prêter un appui qu'aux idées d'ordre & de
justice; & les instructions d'une morale politique se proposeroient le même but. Ainsi,
dans l'un & l'autre plan d'éducation, les
droits du prince, comme ceux des citoyens,
constituent simplement une des parties élé-
mentaires du système général de nos devoirs.

Je ferai feulement obferver que l'infuffi-
fance d'une morale politique devroit paroître
encore plus fenfible, dans un pays où la
nation foumife à l'autorité d'un feul, feroit
abfolument éloignée du Gouvernement ;
car l'intérêt perfonnel n'ayant plus alors de
communication habituelle avec l'intérêt général, il feroit bien à craindre, qu'en voulant préfenter l'union de ces deux intérêts,
comme le motif effentiel de la vertu, le
plus grand nombre des écoliers retînt uniquement de cette inftruction, que la perfonnalité eft admife pour premier principe;
& qu'enfuite chacun fe réfervât de juger
des momens & des circonftances où l'amour
de foi-même & l'amour de l'Etat devroient fe
féparer, ou fe réunir. Et combien d'erreurs
ne feroit-on pas à cet égard ? Le bien public, comme toutes les idées abftraites, n'a
point de configuration précife ; c'eft, pour
la plupart des hommes, une mer fans bords,
& il ne faut pas beaucoup d'adreffe ou de
fubtilité, pour venir à bout d'y confondre
toutes nos convenances. On peut connoître

comment nous formons , selon nos goûts ,
l'alliance de toutes les idées morales , en
considérant avec quelle facilité les hommes
savent rapprocher d'une qualité , le défaut
habituel de leur caractère ; celui qui blesse
sans ménagement, s'honore de sa franchise
& de son courage ; celui qui est lâche , ou
timide dans ses sentimens & dans ses paroles , se vante de son esprit de réserve &
de circonspection ; & par un nouveau raffi-
nement, dont j'ai vu de singuliers exemples , celui qui demande au Souverain une
grace pécuniaire , essaie de persuader qu'il
n'est mu dans cette sollicitation , que par
le noble amour d'une distinction honorable ;
chacun est habile à faire le point de liaison
qui unit ses passions à une vertu : seroit-on
donc moins expert à trouver quelque rapport entre son intérêt & l'intérêt public ?

Je ne saurois, je l'avoue, me représenter,
qu'avec une sorte de dégoût , & même
d'épouvante , une société politique dont
tous les membres , sans motif dominant , ne
seroient contenus que par une prétendue

liaifon de leur intérêt particulier avec l'intérêt général. Que de juges ifolés ! Quelle
multiplicité innombrable d'opinions, de fentimens & de volontés ! Tout feroit en confufion, fi on laiffoit aux hommes la liberté
de faire de pareils calculs ; il leur faut abfolument une idée fimple pour règle de conduite , fur - tout lorfque toutes les applications de cette règle font diverfifiées à l'infini. Dieu donnant fes loix fur la montagne
de Sinaï , n'a befoin que de dire , *tu ne
déroberas point ;* & avec l'idée impofante de
ce Dieu , que tout rappelle dans la nature ,
que tout imprime dans le cœur de l'homme ,
ce commandement abrégé conferve , en
tous les temps , une autorité fuffifante ; mais
que la philofophie politique dife , *tu ne déroberas point* , il faut qu'elle ajoute à ce
précepte une fuite de raifonnemens , fur les
loix de propriété , fur l'inégalité des conditions, & fur les divers rapports de l'ordre
focial ; il faut , pour nous perfuader , qu'elle
parcourre tous les motifs , qu'elle réponde
à toutes les objections , qu'elle repouffe

toutes les attaques ; il faut encore que, par
les leçons de cette philofophie , l'efprit le
plus groffier foit mis en état de fuivre les
diverfes ramifications , qui joignent, disjoi-
gnent , & réuniffent derechef l'intérêt perfonnel à l'intérêt public : quelle entreprife !
c'eft peut-être , en dernière analyfe , vouloir employer un cours d'anatomie , pour
diriger un enfant fur le choix des alimens
qui lui conviennent , au lieu de commencer
à le conduire par les confeils & l'autorité
de fa mère.

Les mêmes remarques font applicables
à toutes les vertus dont l'obfervation eft
effentielle à l'ordre public : quelle route le
fimple raifonnement n'auroit-il pas à faire ,
pour perfuader à un célibataire qu'il ne doit
point enlever à un époux le cœur de fa
femme ! où lui affigneroit-on un dédom-
magement diftinct, du facrifice de fa paffion ? Quels détours encore ne feroit - on
pas obligé de parcourir, pour démontrer ,
à un ambitieux, qu'il ne doit pas calomnier
en fecret fon rival, à un avare folitaire , ou
armé

armé d'indifférence contre l'opinion, qu'il ne
doit pas s'éloigner de toutes les occasions
de faire du bien ; à un génie ardent &
vindicatif, qu'il ne doit pas obéir aux fentimens qui le preffent ; à un homme dans
le befoin, qu'il ne doit pas avoir recours
à des menfonges pour fe faire valoir, ou
pour tromper de quelque autre manière ?
Et combien d'autres pofitions offriroient les
mêmes difficultés, & de plus grandes encore ? Les idées abftraites les mieux ordonnées ne peuvent jamais s'emparer de
nous, que par le plus long chemin, puifque le propre de ces fortes d'idées, eft de
dégager le raifonnement de tout ce qu'il
a de fenfible, & par conféquent de frappant, & d'une impreffion rapide ; d'ailleurs,
la morale politique, comme tout ce qui
vient uniquement de l'efprit, feroit toujours
pour nous une fimple opinion ; opinion que
nous aurions le droit d'appeler, à tout moment, en caufe, au tribunal de notre raifon.
Les leçons des hommes ne font jamais que
la repréfentation de leur jugement, & le

E

sentiment des uns n'entraîne point la volonté
des autres. Il n'est même aucun principe de
morale qui, sous des rapports absolument
humains, ne soit susceptible d'exception ou
de quelque modification; & il n'y a rien
de si composé, que la liaison de la vertu
avec le bonheur. Enfin, tandis que notre
esprit a de la peine à saisir, à distinguer
clairement cette union, les objets de nos
passions sont par-tout apparens, & tous
nos sens en sont préoccupés; l'avare voit
de l'or & de l'argent; l'ambitieux, les honneurs qu'on décerne aux autres; le débau-
ché, les objets de sa luxure; la vertu n'a
pour elle que le raisonnement: elle avoit
donc besoin d'être soutenue par un sentiment religieux, & par les heureuses espérances dont ce sentiment est accompagné.

Aussi, dans un Gouvernement où l'on
voudroit substituer une morale politique à
une éducation religieuse, il deviendroit
peut-être indispensable de garantir les hommes de toutes les idées propres à exalter
leur esprit; il faudroit les détourner des

différentes rivalités qui excitent leur amour
propre & leur ambition ; il faudroit les éloigner de la société habituelle des femmes ;
il faudroit encore abolir l'usage des monnoies, cette image attrayante & confuse de
toutes sortes de biens ; enfin, en enlevant
aux hommes leurs espérances religieuses,
& en les privant ainsi des encouragemens
à la vertu qui naissent de leur imagination,
il faudroit nécessairement empêcher, de
toutes ses forces, que cette imagination ne
servît plus qu'à seconder les vices, & toutes
les passions contraires à l'ordre public : c'est
parce que Télémaque étoit accompagné
d'une Divinité, qu'il lui fut permis de vi-
siter la cour fastueuse de Sésostris, & les
demeures enchanteresses d'Eucharis & de
Calypso.

Il est sur-tout un âge, le plus beau,
comme le plus assuré de la vie, où l'on ne
sauroit se passer de l'autorité d'un guide ;
il faut, pour traverser avec sûreté les jours
orageux de la jeunesse, des principes qui
nous commandent, & non des réflexions

qui nous conseillent ; celles-ci n'ont de puissance, qu'en proportion de la vigueur de l'esprit, & l'esprit n'est formé que par l'expérience & par le long combat des idées.

Les instructions religieuses ont le particulier avantage de saisir l'imagination, & d'intéresser la sensibilité, ces deux brillantes facultés de nos premières années : ainsi, lors même que l'on parviendroit à établir un cours de morale politique, assez bien étayé par le raisonnement, pour défendre du vice l'homme éclairé par la maturité de l'âge, je dirois encore qu'une semblable philosophie ne sauroit convenir à la jeunesse, & que cette armure est trop pesante pour elle.

Enfin, les leçons de la sagesse humaine, qui ne peuvent nous dominer dans l'ardeur de nos passions, sont également insuffisantes, aux momens où nos forces étant abattues par la maladie, nous ne sommes plus en état de saisir une diversité de rapports ; au lieu que telle est la douce émotion qui accompagne le langage de la religion, que dans la dégradation succeffive de nos facultés, ce langage eft encore en proportion avec elles.

Cependant, fi l'on venoit jamais à perfuader qu'il y a fur la terre un plus fûr encouragement à la vertu que les idées religieufes, on affoibliroit auffi-tôt leur empire; elles ne peuvent ni intéreffer à demi, ni régner en partage; & fi elles ne débordent pas, pour ainfi dire, le cœur de l'homme, toute leur puiffance s'évanouit.

Les inftructions religieufes, en raffemblant tous les moyens propres à exciter les hommes à la vertu, ne négligent point, il eft vrai, d'indiquer les rapports qui exiftent entre l'obfervation des loix de la morale & le bonheur de la vie; mais c'eft comme un motif acceffoire, que ces confidérations font préfentées: ainfi, il n'eft pas néceffaire de les appuyer des mêmes preuves qu'exige un principe fondamental. D'ailleurs, quand de bonne heure on avertit le peuple que les vices & les crimes conduifent au malheur fur la terre, ces enfeignemens

ne font une longue impreffion fur lui, qu'autant qu'on réuffit en même temps à le convaincre, de l'influence habituelle d'une providence, fur tous les événemens de ce
monde.

Une raifon importante difpenfe encore
les inftituteurs religieux, de s'attacher à démontrer que les principaux avantages dont
les hommes paroiffent envieux, font une
conféquence abfolue de l'obfervation des
loix d'ordre : c'eft que les facrifices fup-
portés par une idée de devoir, fe changent
dans une fatisfaction réelle ; & ce fentiment
intérieur, dont jouiffent les hommes vertueux avec piété, compofe une des parties
effentielles de leur bonheur. Mais quel retour confolant peut-on faire fur foi-même,
quelle approbation intime peut-on s'accorder, quand on ne connoît d'autre empire
que celui de la morale politique, & quand
la vertu n'eft qu'une rencontre de l'intérêt
perfonnel avec l'intérêt public ?

Sans doute, la religion propofe à l'homme
fon propre bonheur pour but & pour der-

nier terme ; mais, comme ce bonheur eſt placé dans l'éloignement, la religion peut nous y conduire par des détachemens & des ſacrifices paſſagers ; elle traite, avec la partie la plus ſublime de nous-mêmes, celle qui nous déſunit du moment préſent, pour nous lier aux temps à venir ; elle nous préſente des eſpérances, qui nous attirent hors de nos intérêts terreſtres, dans le degré néceſſaire pour n'être pas livrés ſans meſure, à l'impreſſion déſordonnée de nos ſens, & à la tyrannie de nos paſſions. L'irréligion, au contraire, dont les leçons nous apprennent que nous ne ſommes poſſeſſeurs que d'un inſtant, nous concentre de plus en plus en nous-mêmes, & il n'y a rien de beau ni de bon à cette condition ; car la grandeur, en tout genre, tient à l'étendue des rapports que nous embraſſons ; &, dans une pareille acception, le ſentiment & l'eſprit ſont ſoumis aux mêmes loix.

Ceux qui préſentent les liens de la religion comme indifférens, nous aſſurent qu'on peut ſe repoſer du maintien de la morale,

E 4

fur quelques fentimens genéraux dont nous
avons contracté l'habitude ; mais ils négligent de faire attention que ces fentimens
tirent leur principale force, & prefque leur
defcendance, de l'efprit religieux qu'on
defireroit d'affoiblir. Oui, l'humanité même,
cette tendre émotion d'une ame bien née,
s'anime & fe fortifie par l'idée d'un Être
fuprême ; l'alliance entre les hommes ne
tient que foiblement à la conformité de leur
ftructure & de leur organifation ; elle ne
peut pas non plus être attribuée à la reffem-
blance de leurs paffions, cette fource continuelle de tant de haines ; elle dépend
effentiellement de nos rapports avec le
même auteur, le même furveillant, le
même juge ; elle eft fondée fur l'égalité de
nos droits aux mêmes efpérances, & fur
cette fuite de devoirs inculqués par l'éducation, & rendus refpectables par l'empire
habituel des opinions religieufes. Hélas ! il
faut malheureufement l'avouer, les hommes
ont tant de défauts, tant d'injuftices, tant
de perfonnalité, tant d'ingratitude, aux

yeux de ceux qui les ont observés en masse,
qu'on ne parviendroit jamais à les tenir en
harmonie, par les seules leçons de notre
sagesse : ce n'est pas toujours parce qu'ils
sont aimables que nous les aimons ; c'est
quelquefois aussi, & très-souvent, parce
que nous devons les aimer, que nous les
trouvons aimables. Oui, la bonté, l'indulgence, ces qualités les moins composées,
ont encore besoin d'être raccordées, de
temps à autre, avec une idée générale &
prédominante, le lien de toutes nos vertus.
Les passions des autres nous blessent de tant
de manières, & il y a souvent tant de pro-
fondeur & d'énergie dans notre amour de
nous - mêmes, que nous avons besoin de
quelque secours, pour être constamment
généreux dans nos sentimens, & pour nous
associer d'un réel intérêt à tous ces com-
pagnons de destinée, au milieu desquels
nous sommes placés.

Enfin, ne le dissimulons point, si l'homme
venoit à se regarder comme un être, enfant
du hasard, ou d'une aveugle nécessité, &

ne tenant qu'à la poussière dont il est sorti,
& à celle dans laquelle il doit rentrer, il
arriveroit bientôt à se méprifer lui-même;
&, loin de chercher à s'élever à aucune
penfée noble & vertueufe, il considéreroit
cette forte d'ambition comme une idée fan-
taftique, qui confume, d'une manière vaine
& illufoire, une partie des courts inftans
qu'il doit paffer fur la terre; &, toute fon
attention venant à fe fixer fur la briéveté de
la vie, & fur le filence éternel qui doit l'en-
vironner, il ne penferoit *qu'à dévorer ce*
règne d'un moment.

Qu'il feroit dangereux de montrer aux
hommes l'extrémité de la chaîne qui les unit
enfemble! C'eft la connoiffance de ce dernier terme, qui rend ingrat envers ceux dont
nous ne pouvons plus rien attendre; & le
même fentiment affoibliroit les liens de la
morale, fi notre bail n'étoit manifeftement
que pour ce monde. C'eft donc la religion
qui doit affermir ces liens, c'eft elle feule
qui peut défendre le fyftême entier de nos
devoirs, contre les embûches du raifonné-

ment & contre les artifices de notre esprit;
il faut, pour obliger tous les hommes à considérer avec respect les loix de la morale,
leur enseigner de bonne heure que les vertus
sociales, sont un hommage rendu aux perfections & aux intentions bienfaisantes du
souverain auteur de la nature, de cet Être
infini, qui se plaît dans la conservation de
l'ordre, & dans les sacrifices particuliers
qu'exige l'accomplissement de cette grande
pensée. Et quand je vois les philosophes
modernes tracer, d'une main habile, le
plan général de nos devoirs; quand je les
vois fixer avec intelligence les obligations
des citoyens, les uns envers les autres, &
donner ensuite pour unique base, à cette
législation, l'intérêt personnel & l'amour
de la louange; je me rappelle le système de
ces philosophes Indiens, qui, après avoir
étudié la marche des globes célestes, em-
barrassés à déterminer la puissance qui sou-
tenoit les voûtes du firmament, crurent avoir
franchi cette difficulté, en plaçant l'univers
sur le dos d'un éléphant, & cet éléphant

lui-même fur une tortue. Nous imiterons ces
philofophes, &, comme eux, nous ne pro-
céderons jamais que par dégradation, routes
les fois qu'en effayant de former la chaîne
des devoirs & des principes de la morale,
nous n'en placerons pas le dernier anneau,
au-deffus de nos confidérations mondaines,
& par delà les limites de nos conventions
fociales.

CHAPITRE II.

*Suite du même sujet. Parallèle entre l'in-
fluence des idées religieuses & celle des
loix & de l'opinion.*

APRÈS avoir examiné, comme je viens
de le faire, dans le Chapitre précédent,
s'il étoit possible de fonder la morale sur la
liaison de l'intérêt particulier avec l'intérêt
public, il me reste à considérer si les punitions
infligées par le souverain, si le sceptre, que
tient en sa main l'opinion publique, ont un
pouvoir suffisant pour contenir les hommes,
& pour les attacher à l'observation de leurs
devoirs.

Il faut nécessairement passer par des idées
communes, pour avancer d'un degré dans
la recherche de la vérité : ainsi je dois,
d'abord, rappeler ici que les loix pénales
ne pouvant s'appliquer qu'aux délits connus
& prouvés, cette première condition circonscrit infiniment leur empire : cependant

les crimes exécutés fecrétement, ne font pas
les feuls qui foient hors de la dépendance des
loix; il faut encore mettre dans ce rang toutes
les actions répréhenfibles, qui, faute d'un
caractère diftinct, ne peuvent jamais être
fignalées ; le nombre en eft prodigieux : la
dureté des parens, l'ingratitude des enfans,
l'abandon inhumain de fes ferviteurs, les
trahifons en amitié, la violation des mœurs
domeftiques, la défunion femée au fein des
familles, la légéreté des principes fur tous
les liens de la fociété, les confeils perfides,
les infinuations adroites & calomnieufes,
l'exercice rigoureux de fes droits, la faveur
& la partialité parmi les juges, leur inatten-
tion, leur pareffe, leur dureté, la recherche des places importantes avec le fentiment de fon incapacité, les flatteries corrup-
trices & menfongères adreffées aux princes
ou aux miniftres, l'indifférence au bien
public de la part des hommes d'Etat, leurs
viles & pernicieufes jaloufies, les diffenfions
politiques, excitées pour fe rendre néceffaire, les guerres ordonnées par ambition,

l'intolérance couverte d'un faux zèle, enfin
tant d'autres sentimens funestes que les loix
ne peuvent, ni suivre, ni désigner, & qui
ont déja fait bien du mal, avant de donner
aucune prise à la censure publique. On ne
doit pas même desirer que cette censure
passe certaines bornes, parce que le pouvoir appliqué à des fautes obscures, ou suf-
ceptibles de diverses interprétations, dégé-
nère aisément en tyrannie ; &, comme il
n'est rien de si fugitif que la pensée, comme
il n'est rien de si intime que nos sentimens ;
il n'y a aussi qu'une puissance invisible, &
dont l'autorité semble participer à l'influence
divine, qui ait le droit d'entrer dans le secret
de nos cœurs.

Ce n'est donc qu'au tribunal de sa conscience, que l'homme peut être interrogé
sur une multitude d'actions & de volontés
qui échappent à la surveillance des Gouvernemens. Gardons-nous de renverser l'autorité d'un Juge si actif & si éclairé ; gardons-nous de l'affoiblir volontairement, &
ne soyons pas assez imprudens, pour nous

repofer uniquement fur la difcipline fociale.
Je me hafarderai même à dire, que l'empire de la confcience eft peut-être encore plus néceffaire, dans le fiècle où nous
vivons, que dans aucun des âges précé-
dens, quoique la fociété n'offre plus le
fpectacle de ces vices & de ces crimes
qui révoltent par leur difformité ; mais lorfque la liberté des mœurs, & le raffine-
ment des manières, font parvenus à rapprocher, par des nuances fouvent impercep-
tibles, le bien & le mal, le vice & la dé-
cence, le menfonge & la vérité, l'efprit
perfonnel & les dehors généreux, il eft
plus important que jamais, d'oppofer à
cette dépravation obfcure, une autorité
intérieure, qui veille jufques dans les détours myftérieux de nos déguifemens, &
dont l'action foit auffi pénétrante que notre
diffimulation femble adroite & bien con-
certée.

C'eft, fans doute, parce qu'une telle
autorité paroît abfolument néceffaire au
maintien de l'ordre public, que plufieurs
écrits

écrits philofophiques effaient de l'introduire
au milieu même de l'athéifme. Tout eft fa-
buleux dans un pareil fyftême ; on nous
parle de rougir à nos propres yeux, de
redouter nos reproches fecrets, & d'être
effrayés des condamnations, que, dans le
calme de nos penfées, nous prononcerons
contre nous-mêmes : mais ces fentimens,
qui ont tant de force avec l'idée d'un Dieu,
on ne fait à quoi les unir, quand on nous
donne pour feul maître l'intérêt perfonnel
le plus actif, & quand toutes les grandes
communications, établies entre les hommes
par les opinions religieufes, font abfolument
rompues ; la confcience n'eft plus alors
qu'une expreffion vuide de fens, un mot
inutile dans la langue. On peut connoître
encore les remords de l'efprit, c'eft-à-dire,
le regret de s'être trompé dans la marche de fon ambition, dans la conduite
de fes intérêts, dans le choix des moyens
qu'on emploie pour obtenir les égards &
la louange des autres, enfin, dans les calculs divers de nos convènances mondaines :

F

mais de tels remords ne font qu'une exaltation de notre amour-propre ; nous divi-
nifons, en quelque manière, notre efprit,
notre jugement, notre intelligence, & nous
faifons comparoître enfuite toutes nos actions devant ces fauffes idoles, pour nous
reprocher nos méprifes & nos foibleffes ;
nous nous tourmentons ainfi nous-mêmes
volontairement ; mais quand cette perfé-
cution nous importune trop long-temps,
nous fommes les maîtres de commander à
nos tyrans d'ufer envers nous d'indulgence.
Il n'en eft pas de même des agitations de
la confcience : le fentiment qui les fait
naître n'a rien de compofé, ni de factice ;
& nous ne pouvons ni corrompre notre
juge, ni entrer en accommodement avec
lui : ce qui féduit les hommes ne le trompe
jamais ; & dans l'étourdiffement de la prof-
périté, dans l'enivrement des plus grands
fuccès, fes regards inévitables font fixés
fur nous, & nous ne jouiffons, qu'avec
frayeur, des applaudiffemens & des triomphes que nous n'avons pas mérités.

On lit encore, dans plusieurs livres modernes, qu'avec de bonnes loix on aura toujours une morale suffisante ; mais je ne saurois adopter cette opinion : l'homme est un être si composé, & ses rapports avec ses semblables sont si divers & si déliés, que pour régler son intérieur, & pour diriger sa conduite, il a besoin d'une multitude de sentimens, sur lesquels les commandemens du Souverain n'ont aucune prise ; c'est tous les devoirs simples & prononcés que les législateurs ont réduits en préceptes ; & cette grosse charpente, que l'on nomme les loix civiles, laisse des vuides par-tout. Les loix ne demandent qu'une aveugle obéissance ; & comme elles n'ordonnent, ou ne défendent que des actions, & qu'elles sont absolument indifférentes aux sentimens intimes des hommes, l'édifice moral qu'elles élèvent n'est, dans plusieurs parties, qu'une figure extérieure, & c'est par le faîte, pour ainsi dire, qu'il semble avoir été commencé. La religion procède d'une manière entièrement opposée ;

c'eſt au fond des cœurs, c'eſt dans les
cavités de la conſcience, qu'elle poſe ſa
première baſe ; elle paroît être dans l'intelligence des plus grands ſecrets de la nature ; elle ſème en terre un grain, & ce
grain s'y nourrit, s'y fortifie, & ſe transforme en de nombreux rameaux, qui, ſans
aucun effort, s'élèvent & s'étendent dans
toutes les dimenſions, & ſous toutes ſortes
de formes.

Je ſuppoſerai néanmoins que l'on crût
ſuffiſant, pour le maintien de l'ordre public, de réduire la morale à l'eſprit des
loix civiles ; il ſeroit encore hors du pouvoir des hommes, de tirer de cette aſſi-
milation des enſeignemens familiers propres à former un code d'éducation ; car
ces mêmes loix, ſimples dans leurs commandemens, ne le ſont pas de même dans
leurs principes. On n'apperçoit pas ſur le
champ pourquoi la vengeance la plus juſte
eſt interdite ; pourquoi l'on n'a pas le pouvoir de ſe faire rendre ſon bien, en recou-
rant aux mêmes moyens dont un raviſſeur

a fait ufage ; pourquoi l'on n'a pas le droit
de réfifter, avec violence, à l'oppreffeur
le plus tyrannique ; enfin, pourquoi certaines actions, tautôt indifférentes en elles-
mêmes, & tantôt nuifibles aux autres, font
condamnées d'une manière uniforme & générale ; il faut néceffairement une forte de
combinaifon, pour découvrir que le légiflateur s'eft écarté des idées naturelles, afin
d'empêcher que perfonne ne fût juge dans
fa propre caufe, & afin d'éviter que les
exceptions & les diftinctions, dont chaque
circonftance eft fufceptible, ne fuffent
jamais déterminées par les feules lumières
des divers membres de la fociété. C'eft de
même par des motifs indirects, que les
loix féviffent avec plus de rigueur contre
un délit difficile à faifir, que contre un
défordre plus répréhenfible en lui-même,
mais dont les excès peuvent être facilement apperçus ; & elles obfervent encore
une femblable règle à l'égard des crimes
qui font environnés d'un plus grand appas,
quoique cette féduction même fût un motif

F 3

d'indulgence aux yeux de la simple justice :
enfin les loix, en adoptant des degrés de
sévérité très-divers pour contraindre les
débiteurs à l'accomplissement de leurs pro-
messes, ne se montrent occupées, ni de
la compassion due à des malheurs imprévus,
ni d'autres motifs d'équité dignes d'un égal
intérêt ; toute leur attention s'est fixée sur
le rapport des engagemens avec les ressources politiques qui naissent du commerce
& de ses transactions. Il existe ainsi une
multitude de défenses, de punitions, ou
de gradations dans les peines, qui n'ont
de connexion qu'avec les vues générales
de la législation, & nullement avec ce bon
sens circonscrit, qui détermine le jugement
des particuliers. C'est donc souvent par des
considérations très-étendues & très-com-
posées, qu'une action est criminelle ou ré-
préhensible aux yeux de la loi : ainsi, l'on
ne sauroit édifier, sur ces seules bases, un
système de morale, dont chacun pût avoir
une conscience évidente ; & puisque le
législateur évite, avec soin, de rien sou-

mettre à l'examen des individus , puisqu'il
sacrifie souvent à ce principe la justice naturelle , comment voudroit - on , dans le
même temps , nous donner pour règle de
conduite une morale politique , qui seroit
toute fondée sur le raisonnement ?

Il n'est pas indifférent d'observer encore ,
qu'aux yeux du plus grand nombre des hommes , le sens des loix , & les décrets rendus
par ceux qui les interprètent , doivent nécessairement s'identifier , se confondre , &
former un seul point de vue ; & comme les
juges sont exposés à de fréquentes erreurs ,
le véritable esprit de la législation reste souvent dans l'ombre , & l'on a de la peine
à le discerner.

C'est peut-être parce que les loix sont
l'ouvrage de notre intelligence , que nous
sommes disposés à leur accorder un empire universel : mais , je l'avouerai , je suis
si éloigné de penser qu'elles puissent jamais
remplacer , au milieu de nous , l'influence
salutaire de la morale religieuse , que je
les crois insuffisantes , même pour régler

F 4

les chofes foumifes immédiatement à leur autorité ; ainfi, j'inviterois à réfléchir, fi les erreurs malheureufes qu'on reproche à nos tribunaux criminels, ne prennent pas leur fource dans la faute commife par l'autorité fouveraine, lorfqu'elle a rapporté tous les devoirs des juges aux commandemens de la loi, & lorfqu'elle a refufé de fe confier davantage à la confcience & aux fentimens intimes des magiftrats.

Rendons cette obfervation plus fenfible par un feul exemple choifi entre une infinité d'autres. On demande aujourd'hui que le légiflateur s'explique de nouveau fur la grande queftion des témoins néceffaires ; mais ne rifquera-t-il pas toujours de fe tromper, foit qu'il rejette abfolument un pareil indice de la vérité, foit qu'il en faffe dépendre le fort d'un accufé ? Comment vouloir que le témoignage d'un homme honnête, défignant ou reconnoiffant fon affaffin, ne foit compté pour rien par des juges ? Et comment prétendre auffi qu'un témoignage de cette nature fuffife pour déterminer une condamnation, lorfque celui qui rend ce témoignagne paroît fufpeƈt, ou par fa réputation, ou par les motifs qu'on peut lui fuppofer, ou par l'invraifemblance de fon affertion ? La raifon eft donc placée entre ces deux extrèmes ; mais les idées moyennes n'étant point afforties au langage abfolu de la loi, il faut, en de pareilles circonftances, accorder beaucoup à la fageffe & à la morale des magiftrats ; & bien loin qu'on ferve l'innocence, en fe conduifant autrement, on la met vifiblement en danger, parce que les juges s'habituent à rendre la loi refponfable de tout, & ne s'affujettiffent qu'à refpeƈter fes expreffions, au lieu d'obéir à fon efprit, qui eft le defir paffionné d'atteindre à la vérité. Eh quoi ! dira-t-on, voudriez-vous qu'il n'y eût plus d'inftruƈtion pofitive, ni pour fervir de guide dans la recherche des crimes, ni pour déterminer les caraƈtères auxquels ces crimes peuvent être reconnus ! Ce n'eft point-là ma penfée ; mais je defirerois qu'en des affaires d'une fi grave importance, on

réunit à la lumière qui émane de la prudence des législateurs, celle qui peut nous
être apportée par la sagesse des juges ; je
souhaiterois que la législation criminelle
prescrivit aux magistrats, non pas tout ce
qu'ils sont obligés de faire, mais tout ce
dont ils ne peuvent s'exempter ; non pas
tout ce qui suffit pour déterminer leur opinion, mais tout ce qui doit être la condition indispensable d'une punition capitale.
Ainsi, dans un semblable esprit, les commandemens donnés par la loi, seroient une
première sauve-garde contre l'ignorance ou
la prévarication possible des juges : mais
comme aucune règle générale, aucun principe immuable, n'est applicable à la diversité infinie des circonstances, je voudrois
donner à l'innocence un nouveau défenseur,
en intéressant, d'une manière plus immédiate, la morale des juges à la recherche
& à l'examen de la vérité ; & pour les
rappeler sans cesse à toute l'étendue de leurs
obligations, je desirerois qu'avant de rendre
un arrêt de condamnation, levant une de

leurs mains vers le Ciel , ils prononçassent
avec émotion ces paroles : « j'atteste que
» l'homme accusé devant nous me paroît
» coupable , & selon les règles de la loi,
» & selon mes propres lumières ». Non ,
ce n'est pas assez que de demander à un
juge d'examiner , avec probité , si les indices d'un délit sont conformes au tableau
que fait l'ordonnance des caractères de la
vérité ; il faut avertir un magistrat, qu'il doit
chercher cette vérité par tous les moyens
que peut lui suggérer une scrupuleuse inquiétude ; il faut qu'il sache , qu'appelé à
décider de l'honneur & de la vie des hommes , c'est son esprit & son cœur que l'humanité entière prend , en quelque sorte ,
à partie , & qu'il n'est point de limite ap-
posée à l'étendue de ses devoirs ; alors , sans
manquer à aucune des enquêtes ordonnées
par la loi , on s'efforceroit d'aller plus loin
encore ; alors , aucun des indices propres à
faire impression sur des esprits raisonnables ,
ne seroit rejeté ; & aucun, en même temps,
n'auroit une force tellement décisive , que

l'examen des circonſtances pût jamais paroître inutile ; alors, les juges feroient uſage
de cette clairvoyance ſenſible , ſouvent la
plus pénétrante de toutes ; alors, ils ne dé-
daigneroient point de lire juſques dans les
regards de l'accuſateur & de l'accuſé , &
ils ne croiroient point indifférent d'obſerver, avec intérêt , tous ces mouvemens de
la nature , où la vérité ſe peint quelquefois avec tant d'énergie ; alors enfin , l'innocence feroit ſous la garde de quelque choſe
d'auſſi pur qu'elle-même, le ſentiment timoré
de la conſcience d'un juge.

On n'a jamais , peut-être , aſſez réfléchi
à quel point un ordre méthodique , quand
on s'y aſtreint trop ſervilement , reſſerre les
bornes de l'eſprit ; il devient alors comme
une eſpèce de ſentier tracé entre deux eſ-
carpemens , & il nous empêche de découvrir tout ce qui n'eſt pas en droite ligne.
L'empire abſolu de la méthode nous dé-
tourne auſſi de conſulter cette lumière ,
quelquefois ſi vive , dont l'ame ſeule eſt
le foyer ; car , en nous ſoumettant à un

mouvement pofitif & toujours réglé , & en nous faifant trouver du plaifir dans une marche déterminée , & qui offre des repos continuels à la penfée , il nous déshabitue , il nous éloigne de cette perception déli- cate , de ce fentiment naturel , qui n'a rien de fixe , ni de circonfcrit , mais dont le libre effor nous approche fouvent de la vérité , comme par une forte d'inftinct ou d'infpiration. Je m'écarterois trop de ma route , fi j'étendois davantage ces réflexions, & je me hâte de les réunir au fujet de ce Chapitre , en faifant remarquer de nou- veau , que fi les loix font infuffifantes dans le cercle même des décifions foumifes à leur autorité ; que fi les loix ont un befoin ab- folu du fecours de la morale religieufe, toutes les fois qu'elles impofent , à leurs propres interprètes , des devoirs un peu compliqués ; elles pourroient encore moins fuppléer à l'influence habituelle & journa- lière de ce motif , le plus puiffant de tous , & le feul , en même temps , dont l'action foit affez pénétrante pour nous fuivre dans les détours de notre conduite , & dans le dédale de nos penfées.

Je dois maintenant diriger l'attention vers d'autres confidérations. Tout ce qu'exige l'ordre public , tout ce qui importe à la fociété , dira-t-on, c'eft que les criminels ne puiffent échapper au glaive de la juf-tice , & qu'une furveillance attentive les découvre fous le voile où ils cherchent à fe cacher. Je ne rappellerai point ici les divers obftacles qui s'oppofent à la plé-nitude de cette vigilance ; chacun peut aifément les connoître , ou s'en former une idée : mais je me preffe de faire obferver, qu'en confidérant la fociété dans fon état actuel, on ne doit point oublier que les idées religieufes y ont diminué fenfiblement la tâche du Gouvernement : une fcène ab-folument nouvelle s'ouvriroit , fi l'on n'avoit pour guide qu'une morale politique ; ce ne feroit plus alors un petit nombre d'hom-mes , fans principes , qui troubleroient l'or-dre public ; des acteurs plus adroits s'en mêleroient , & les uns conduits par un raifonnement réfléchi, les autres, entraînés par des apparences féduifantes, feroient fans cefle en guerre avec tous ceux dont la fortune exciteroit leur jaloufie; & l'on ne connoîtroit qu'alors, combien les occafions de nuire & de mal faire font nombreufes & diverfifiées. Il arriveroit encore que tous ces ennemis de l'ordre public, n'étant plus déconcertés par l'agitation de leur confcience, deviendroient, de jour en jour, plus expérimentés dans l'art de fe fouftraire aux regards de la juftice; & les dangers auxquels s'expoferoient les imprudens, ne décourageroient point les habiles.

C'eft donc, s'il eft permis de s'exprimer ainfi, parce que les loix prennent les hommes dans une conftitution faine; c'eft parce qu'elles les trouvent dans un état de tempérance préparé par les inftructions religieufes, qu'elles viennent à bout de les contenir : mais fi un fyftême d'éducation politique venoit jamais à prévaloir, de nouvelles précautions & de nouvelles chaînes

deviendroient abſolument néceſſaires ; & ,
pour avoir voulu nous affranchir des doux
liens de la religion , on accroîtroit notre
eſclavage civil , & l'on feroit courber nos
têtes ſous le plus dur de tous les jougs ,
celui qui eſt impoſé par nos ſemblables.

Cette religion , dont on voudroit que
nous rejettaſſions l'influence , eſt plus appropriée qu'on ne penſe , au mélange ſingulier d'orgueil & de foibleſſe , qui compoſe notre nature ; & , pour nous , tels que
nous ſommes , ſon action eſt bien préférable à celle des loix pénales ; ce n'eſt point
devant des égaux armés d'un bras vengeur ,
qu'elle fait comparoître un homme coupable ; ce n'eſt point à leur ignorance , ou à
leur juſtice inſenſible , qu'elle l'abandonne ;
c'eſt au tribunal de ſa propre conſcience ,
que la religion le dénonce ; c'eſt devant un
Dieu , le maître du monde , qu'elle l'hu-
milie , & c'eſt au nom d'un père tendre &
miſéricordieux , qu'elle le relève. Ah ! que
vous nous ôtez à la fois , & notre conſo-
lation , & notre vraie dignité , vous qui
voulez

voulez tout rapporter à l'intérêt particulier
& à la vengeance publique ; laiſſez - moi
prêter l'oreille à ces commandemens qui
viennent d'en haut ; laiſſez - moi diſtraire
mes regards du ſceptre menaçant que tiennent en leurs mains les puiſſans de la terre ;
laiſſez-moi compter avèc celui qui eſt plus
grand qu'eux tous ; laiſſez - moi ſur - tout
m'adreſſer à celui qui pardonne , à celui
qui , au moment où je viens de l'offenſer ,
me permet encore de l'aimer & de me fier
à ſa grace ! Ah ! ſans l'idée d'un Dieu , ſans
ce rapport avec un Être ſuprême , auteur de
toute la nature , on n'auroit plus à écouter
que les vils conſeils d'une prudence perſon-
nelle , on n'auroit plus qu'à flatter , qu'à
adorer les maîtres des nations , & tous ceux
qui , dans un État monarchique , ſont les nombreux repréſentans de l'autorité du prince :
oui , les eſprits , les ſentimens , doivent fléchir devant ces diſpenſateurs de tant de
biens & de tant de maux , s'il n'exiſte rien
au-delà des intérêts terreſtres ; & quand
une fois tout eſt incliné , tout eſt proſterné ;

G

quand il n'y a plus de fierté dans les caractères , les hommes deviennent incapables
d'aucune grande action , & impropres ,
pour ainsi dire , à aucune beauté morale.

Les opinions religieuses ont le double
mérite , de maintenir dans l'obéissance due
aux loix & au souverain , & de nourrir au
fond des cœurs un sentiment qui entretient
le courage , & qui rappelle l'homme à sa
véritable grandeur ; elles lui apprennent à
être soumis sans abattement , & elles l'empêchent sur-tout de s'humilier, avec lâcheté,
devant des idoles passagères , en lui montrant de loin ce dernier terme , où tout doit
rentrer dans l'égalité devant le maître du
monde.

L'idée d'un Dieu à une même distance
de tous les hommes , sert encore à nous
consoler de tant de supériorités choquantes,
sous la domination desquelles nous vivons ;
il faut se transporter sur les hauteurs que
la religion nous découvre , pour considérer , avec une sorte de calme & d'indifférence , les frivoles prétentions des uns ,

& l'orgueil assuré des autres ; & tel objet
de regret, ou de jalousie, qui paroît un
colosse à notre imagination, se change
en grain de poussière, quand nous le rapprochons du grand spectacle qu'une sublime méditation vient déployer à nos regards.

Qu'ils sont donc aveugles ou indifférens
à nos intérêts, ceux qui veulent substituer
aux enseignemens de la religion, des maximes toutes politiques & toutes mondaines !
& que ceux-là pareillement sont durs ou
insensibles, qui croient pouvoir conduire
les hommes par la seule terreur, & qui,
en contestant l'influence salutaire des opinions religieuses, attendent bien moins
d'elles que de la hache des licteurs & de
l'appareil des supplices ! Quel est donc ce
triste système ? car, en supposant même
que les différens moyens d'assurer la tranquillité publique, fussent égaux dans leurs
effets, comment n'aimeroit-on pas mieux
la religion, qui prévient les crimes, que
la loi, qui les punit ? Je n'entends pas

d'ailleurs comment , de la même main dont
on repouſſe les idées religieuſes , on veut
dreſſer par-tout des échafauds , & multiplier , ſans ſcrupule , ces affreux théâtres
de ſévérité : car ſi les hommes , entraînés
vers le crime , n'étoient que des êtres gouvernés par une aveugle néceſſité , hélas !
que mériteroient-ils ? Et ſi nous nous déter-
minions encore à les ſacrifier pour l'exemple , nous devrions aſſiſter à leur ſupplice ,
comme à un dévouement ſemblable à celui
d'Iphigénie immolée , en Aulide , au ſalut
de la Grèce.

Il eſt une autre ſupériorité de la religion
ſur les loix : celles-ci ne ſont jamais armées
que pour la vengeance , au lieu que la
religion , en nous menaçant , nous entretient auſſi de récompenſes & de félicités ;
& je crois , contre l'opinion commune ,
qu'il eſt dans la nature de l'homme d'être
plus conſtamment animé par l'eſpérance ,
qu'il n'eſt retenu par la crainte ; le premier
de ces ſentimens compoſe l'habitude de
notre vie , tandis que l'autre eſt l'effet d'une

circonstance extraordinaire, ou d'une situation particulière ; enfin, le courage ou
l'aveuglement détournent notre attention
des dangers, tandis que les idées de bonheur sont sans cesse devant nos yeux, &
se mêlent, pour ainsi dire, à toute notre
existence.

Je vois cependant qu'on pourroit me
dire : ce n'est pas seulement des loix civiles,
ce n'est pas seulement des loix pénales,
dont nous voulons parler, quand nous
soutenons que de bonnes institutions publiques remplaceroient efficacement l'autorité
des opinions religieuses ; il faudroit introduire encore des loix d'éducation, propres à modifier, à l'avance, les esprits &
les caractères. Mais on ne nous a point
expliqué, & j'ignore également ce que c'est
que de telles loix, quand on veut les distinguer des enseignemens généraux dont
nous avons connoissance ; enseignemens
susceptibles, sans doute, de divers degrés
de perfection, mais qui, devant nous instruire, non-seulement des vertus simples &

G 3

réelles, mais encore de tous les devoirs
mixtes & conventionnels, ont néceſſairement un caractère vague, & ne ſauroient
ſe paſſer de l'appui que leur prête l'idée
fixe & préciſe de la religion. On nous cite
l'exemple de Sparte, où l'Etat s'étoit em-
paré de l'éducation des citoyens, & les
avoit préparés, par ce moyen, aux mœurs
extraordinaires, dont l'hiſtoire nous a fait
le tableau : mais le Gouvernement, aidé
dans cette entrepriſe, par toute la puiſſance de l'autorité paternelle, ne s'étoit
néanmoins propoſé que deux grands buts,
l'encouragement des qualités militaires, &
le maintien de la liberté : il avoit attaché
peu d'intérêt à la morale, cette ſcience
qui a tant d'applications parmi nous ; & il
l'avoit rendue moins néceſſaire, en veillant,
par toutes ſortes d'inſtitutions, ſur la parfaite égalité des rangs & des fortunes, &
en s'oppoſant à toute eſpèce de communication avec les étrangers. Enfin, ce fut
une opinion religieuſe qui ſoumit les Spar-
tiates à l'autorité de leur légiſlateur ; & ſans

leur confiance à l'oracle de Delphes, Ly-
curgue n'eût jamais été qu'un philofophe
célèbre.

Nous fommes bien loin aujourd'hui des dif-
pofitions & des circonftances qui nous ren-
droient fufceptibles d'être gouvernés par des
loix d'éducation, dont un efprit politique
feroit le feul appui : il faudroit, pour en faire
l'épreuve, nous divifer en petites affocia-
tions : il faudroit, par un fecret inconnu,
oppofer des obftacles invincibles à la deftruction des unes & à l'accroiffement des autres : il faudroit encore nous garantir de tous
les defirs & de tous les amolliffemens, qui
font une fuite inévitable de l'augmentation
des richeffes & de la perfection des arts &
des lumières : enfin, & cette remarque eft
fingulière, à l'époque où, au milieu de nos
progrès de tout genre, l'homme eft devenu
l'être moral le plus compofé ; à l'époque
où, en raifon de cette modification fociale,
il a befoin, plus que jamais, d'un principe
qui le faififfe à la fource de fes nombreufes
affections ; il faudroit tout-à-coup le ramener

G 4

à fa fimplicité primitive, pour le propor-
tionner, en quelque manière, à l'étendue
limitée d'une éducation purement civile.
Ajoutons qu'une femblable éducation ne
pouvant s'adapter au peuple, il faudroit,
comme à Sparte, le féparer des citoyens
& le tenir en fervitude : obfervation qui me
conduit à une réflexion importante ; c'eft
que dans un pays où l'efclavage feroit in-
troduit, dans un pays où la claffe nombreufe
d'une nation feroit dominée par la crainte
toujours préfente des plus févères châti-
mens, on pourroit fe fier davantage au fimple afcendant d'une morale politique ; car
cette morale n'ayant plus à tenir en harmonie, que la partie de la fociété repréfentée
par les propriétaires, fa tâche feroit infiniment circonfcrite : mais parmi nous, où
heureufement tous les hommes, fans aucune diftinction, ne font foumis qu'au joug
de la loi, il faut néceffairement qu'une autorité fi étendue foit affermie & fecondée
par la puiffance univerfelle des opinions
religieufes.

Je terminerai cette partie de mes observations par une réflexion très-effentielle ;
c'eft, qu'en fuppofant même à l'autorité
fouveraine, une action affez générale pour
arrêter ou réprimer le mal, les idées religieufes auroient encore ce grand avantage,
qu'elles feules commandent les vertus bien-
faifantes ; & cependant, dans l'état actuel
des fociétés, il eft devenu impoffible de fe
paffer de ces vertus. Il ne fuffit plus d'être
jufte, quand les loix de propriété réduifent
à un étroit néceffaire, le plus grand nombre des hommes, & que le moindre accident vient déranger encore leurs foibles reffources : ainfi, je ne crains point de dire
que telles font les inégalités extrêmes établies par ces loix, qu'on doit aujourd'hui
confidérer l'efprit de bienfaifance & de
charité, comme une partie conftitutive de
l'ordre focial ; c'eft lui qui, dans tous les
lieux & dans tous les temps, adoucit, par
fes fecours, les excès de l'infortune ; c'eft
lui qui, par une multitude innombrable de
ramifications, répand comme un fuc de vie

fur des êtres abandonnés , & que la mifère
alloit deffécher. Que fi cet efprit n'exiftoit
point ; que fi cet efprit , véritable intermé-
diaire entre la rigueur du droit civil & les
titres originaires de l'humanité , venoit jamais à s'éteindre , on verroit peut-être tous
les liens de fubordination fe relâcher infenfiblement ; & l'homme comblé des faveurs
de la fortune , ne fe préfentant jamais au
peuple fous la forme d'un bienfaiteur , on
fentiroit plus fortement la grande étendue
de fes privilèges , & l'on s'accoutumeroit à
les difcuter. Qu'on trouve donc le moyen
de tempérer l'empire abfolu de la propriété,
ou qu'on rende hommage à cette morale
religieufe , qui , par l'idée fublime d'un
échange entre les biens du ciel & ceux de
la terre , oblige les riches à donner ce que
la loi ne peut leur demander.

La morale religieufe vient donc fans
ceffe au fecours de la légiflation civile ;
elle parle un langage que les loix ne connoiffent point ; elle échauffe cette fenfibilité qui doit devancer la raifon même ;

elle agit, & comme la lumière, & comme la chaleur intérieure ; elle éclaire, elle anime, elle s'insinue par-tout ; & ce qu'on n'observe point assez, c'est qu'au milieu des sociétés, cette morale est le lien imperceptible d'une multitude de parties, qui semblent se tenir par leurs propres affinités, & qui se détacheroient successivement, si la chaîne qui les unit venoit jamais à se rompre ; & nous sentirons distinctement cette vérité, dans l'examen que nous allons faire des rapports de l'opinion avec la morale.

LORSQUE, par des motifs indépendans des idées religieuses, on imagine pouvoir soumettre les hommes à l'observation de l'ordre public, & leur inspirer l'amour de la vertu, on se propose, sans doute, de mettre en action deux puissans ressorts ; le desir de l'estime & de la louange ; la crainte du mépris & de la honte. Ainsi, pour suivre mon sujet dans toutes ses branches, je dois nécessairement examiner quel est le degré de force de ces différens mobiles, & quelle

est aussi leur véritable application. J'ai déjà
parlé, dans un autre de mes ouvrages, de
l'opinion publique & de son pouvoir salutaire ; mais le sujet que je traite en cet instant, m'oblige à la considérer sous un point
de vue différent ; & c'est en me plaçant,
en quelque manière, derrière le théâtre du
monde, que je pourrai remplir cette tâche.

Je remarque d'abord, que l'opinion
publique exerce son autorité dans un espace infiniment circonscrit ; car elle est
particuliérement appelée à juger les hommes, dont le rang, les emplois & les travaux, ont quelque éclat dans le monde :
l'opinion publique est une approbation,
ou une censure exercée au nom de l'intérêt général ; ainsi, elle doit uniquement
s'appliquer aux actions & aux discours qui
touchent à cet intérêt d'une manière plus
ou moins directe. Les mœurs domestiques,
& la conduite particulière de celui qui
remplit, dans la société, des fonctions importantes, sont, à la vérité, soumises aux
jugemens & à la surveillance de l'opinion ;

& il ne faut point s'en étonner, puifque
dans une pareille circonſtance, les principes de l'homme privé paroiſſent la cau-
tion, ou le préſage des vertus de l'homme
public : mais tous ceux dont les occupations ſe réduiſent à recevoir & à dépenſer
leurs revenus ; tous ceux qui ſont entiérement adonnés aux diſtractions du monde,
& qui n'ont aucun rapport avec les grands
intérêts de la communauté, deviennent indépendans de l'opinion publique, ou du
moins ils n'éprouvent ſa ſévérité qu'aux momens où, par de folles dépenſes, & par
des prétentions inconſidérées, ils arrêtent
les regards ſur leurs démarches, & ſe montrent en ſpectacle. Enfin les hommes, en
ſi grand nombre, qui, par l'obſcurité de
leur état & la modicité de leur fortune,
ſe trouvent perdus dans la foule, ne peuvent jamais redouter une puiſſance qui
choiſit toujours, hors des lignes, ſes héros
& ſes victimes ; ainſi le peuple caché ſous
le chaume, ou épars dans les campagnes,
doit être auſſi indifférent aux loix de l'opinion

publique, que le font aux rayons du foleil les hordes malheureufes qui travaillent au fond des mines, & qui paffent toute leur vie dans ces ténébreux fouterrains.

On ne peut donc former aucune forte de comparaifon entre l'afcendant particulier de l'opinion publique, & l'influence générale de la morale religieufe.

L'opinion publique ne récompenfe que les actions rares ; & chez un peuple de héros, au milieu d'hommes parfaits, elle n'auroit rien à donner. La morale religieufe tend continuellement à rendre la vertu commune ; mais le fuccès univerfel de fes inftructions n'ôteroit rien au prix de fes bienfaits.

L'opinion publique a befoin, pour décerner des couronnes, que les hommes paroiffent, avec éclat, fur le théâtre du monde. La morale religieufe répand fes plus grandes faveurs fur ceux qui méprifent la louange, & qui font le bien en fecret.

L'opinion publique exige prefque toujours, que les vertus foient accompagnées

des talens & de la science ; & c'est ainsi
qu'elle devient le germe & le mobile des
grandes choses. La morale religieuse n'impose jamais cette condition ; ses récompenses appartiennent aux simples comme
aux habiles , aux humbles d'esprit , comme
aux génies élevés ; & c'est en animant également tous les hommes ; c'est en excitant
ainsi un mouvement universel , qu'elle concourt efficacement au maintien de l'ordre
civil.

L'opinion publique ne jugeant les actions
que dans leur maturité , ne tient aucun
compte des efforts ; & , comme on ne découvre ses palmes , qu'au moment où l'on
approche du but , il faut , au commencement de la carrière , que chacun tire de
ses propres forces son courage & sa per-
sévérance. La morale religieuse , au contraire , est , pour ainsi dire , avec nous dès
nos premiers sentimens ; elle accueille nos
intentions ; elle prend à gré notre simple
volonté ; elle nous soutient dans nos déterminations ; elle nous accompagne dans

nos tentatives , & comme elle rappelle fans
cesse les hommes à ses récompenses, c'est
à tous les instans , & dans toutes les positions , que l'on peut éprouver son influence.

L'opinion publique ne distribuant que
des biens, dont la principale valeur tient
à des comparaisons, des contrastes & des
rivalités, elle attire souvent, sur ses favoris,
le souffle vénimeux de l'envie , & l'on doute
alors quelquefois du prix réel de ses bienfaits. La morale religieuse ne mêle aucune
amertume à ses récompenses ; c'est dans
l'obscurité qu'elle fait ses heureux ; & ,
comme elle a des trésors pour tout le
monde , la part qu'elle accorde aux uns
ne ravit rien aux autres.

L'opinion publique se méprend quelquefois dans ses jugemens, parce qu'au milieu
de cette vaste enceinte , où son tribunal est
élevé, elle a peine , souvent , à distinguer
le véritable mérite & l'éclat qui le suit, des
couleurs fausses de l'hypocrisie. La morale
religieuse domine au fond des cœurs, elle y
place un surveillant , qui voit les hommes
de

de plus près que par leurs actions , & qu'on
ne peut ainſi , ni tromper , ni ſurprendre.

Enfin , le dirai-je , il eſt des momens
où l'opinion publique s'affoiblit , il eſt des
temps même où elle devient lâche , &
où , dominée par un eſprit ſervile , elle
cherche des torts aux opprimés , & attri-
bue de grandes penſées aux hommes puiſſans , afin de pouvoir , ſans honte , aban-
donner les uns , & célébrer les autres.
Ah ! qu'en de pareils inſtans , on revient
avec délices aux loix de la morale , à ces
principes indépendans , qui , en vous éclai-
rant ſur tout ce qui eſt digne d'eſtime ou
de mépris , vous donnent en même temps
la force de ſentir ſelon votre cœur , & de
parler ſelon votre conſcience !

Ainſi , l'opinion publique , dont j'ai vu
la puiſſance s'accroître , & qui réunit tant
de moyens pour exciter les hommes à des
actions diſtinguées , & pour les élever
même à de grandes vertus , ne doit jamais
cependant être miſe en parallèle avec l'influence univerſelle , conſtante , & toujours

H

égale, de la morale religieuse, & avec les
sentimens que cette morale peut inspirer
aux hommes de tout âge, de tout état,
& de tout genre d'esprit.

Seroit-ce m'écarter de mon sujet, que
de faire remarquer ici l'illusion à laquelle
on se livreroit, si l'on attendoit un grand
service de ces marques de distinction nouvellement imaginées en France, sous le
nom de Prix publics de vertu? Ces légères
faveurs de l'opinion ne pouvant jamais être
décernées qu'à un petit nombre d'actions
éparses, il seroit à craindre, que si on ren-
doit ces sortes d'institutions générales &
continuelles, elles détournassent l'attention
des gens du peuple, de la grande récompense, qui doit être le mobile & l'encouragement de tout ce qui est honnête &
vertueux. Les chasseurs expérimentés, au
moment où toute la meute est encore à
la poursuite du plus superbe habitant des
forêts, ne permettent pas qu'elle se dé-
tourne, pour courir après une proie qui
sort d'un buisson ou d'une tanière.

Les établissemens sur lesquels je fixe ici
l'attention, ont peut-être aussi l'inconvénient d'éveiller un sentiment de surprise à
l'aspect des bonnes actions, & d'annoncer
ainsi trop distinctement qu'on les croit rares
& au-dessus des forces communes de l'humanité ; & , si l'on étendoit trop loin ces
institutions, il en naîtroit encore un esprit
de parade, toujours prêt à languir au moment où l'applaudissement s'éloigneroit ; &
ce seroit un grand malheur, si un pareil
genre d'esprit prenoit jamais la place de
l'honnêteté simple & modeste , qui ne reçoit que d'elle-même ses motifs & sa récompense ; la vertu & la vanité font un mauvais alliage ; on s'accoutume alors à n'agir
que pour être vu , & ces occasions , déjà
peu nombreuses, on veut encore les choisir.
Il est d'ailleurs une classe d'hommes, si mal-
traitée par la fortune, que l'on commettroit
une grande faute, en l'habituant à lier, sans
cesse , des calculs humains à l'amour & à
la pratique de ses devoirs ; car elle seroit
trop souvent trompée.

H 2

C'eſt donc, on ne peut trop le répéter, c'eſt le reſpect pour la morale, qu'il faut entretenir, en affermiſſant les principes religieux, qui en ſont le plus ſûr fondement ; tous les autres reſſorts extraordinaires n'ont de force que dans leur nouveauté ; & à l'époque où une ſociété auroit abſolument beſoin d'y recourir, elle toucheroit peut-être au moment de ſa plus grande dépravation.

Jusqu'à préſent je n'ai conſidéré l'influence de l'opinion, que dans ſes développemens généraux ; mais les hommes manifeſtent encore, d'une manière particulière, l'idée qu'ils ont conçue les uns des autres ; & ce ſentiment, qui prend alors le ſimple nom d'eſtime, tient à une connoiſſance déterminée du caractère moral de ceux avec qui l'on a des relations habituelles : l'eſtime, ſous ce rapport, n'a point l'éclat de l'opinion publique ; mais, comme chacun peut y prétendre, dans l'étendue du cercle où ſa naiſſance & ſes occupations l'ont placé, l'espoir de l'obtenir doit être compté parmi les grands motifs qui nous excitent à l'observation de la morale. Cependant, si l'on supposoit que cette estime fût entiérement séparée des idées religieuses, elle ne seroit plus qu'un bien, comme tant d'autres, que chacun évalueroit à son gré ; car, tout ce qui vient uniquement des hommes, ne peut jamais avoir qu'un prix relatif à nos connexions avec eux : ainsi, quelquefois l'estime d'une ou de plusieurs personnes dédommageroit de tel sacrifice, & souvent aussi ce sentiment de leur part paroitroit d'une valeur inférieure à quelque autre objet d'ambition ; en un mot, du moment que toutes les préférences & toutes les évaluations devroient être rapportées à un calcul, chacun, insensiblement, auroit son tarif, & la justesse de ce tarif dépendroit du degré de jugement & de prévoyance de chaque individu. Mais, comment imaginer que la perfection de la morale pût jamais être assurée, quand elle dépendroit de comparaisons

H 3

déliées, arbitraires, & dont la bafe feroit
changée, fans ceffe, par la variété continuelle des circonftances & des fituations
de la vie? Les motifs que préfente la religion, font d'un genre abfolument différent ; ce n'eft point par des parallèles confus ; ce n'eft point par des calculs d'approxi-
mation, qu'elle dirige les hommes ; c'eft à
un intérêt dominant qu'elle les rappelle ;
c'eft autour d'un fanal, dont les brillantes
flammes fe voient de toutes parts, qu'elle
les raffemble ; enfin, les règles qu'elle pref-
crit ne font, ni incertaines, ni vacillantes,
& les biens qu'elle promet ne font pas fufceptibles d'équivalent.

Obfervons encore ici que l'efprit perfonnel, après avoir comparé la jouiffance
de l'eftime avec des plaifirs d'un genre différent, ne manqueroit pas de fupputer les
chances qui peuvent donner l'efpérance
d'en impofer ; &, au milieu de ces calculs embrouillés, la paffion du moment
feroit prefque toujours victorieufe. D'ailleurs, on peut fe le demander, qu'eft-ce

que l'eftime des autres, pour cette claffe
nombreufe d'hommes que la mifère ifole?
Et qu'eft-ce qu'un fentiment dont l'effet
n'eft jamais prochain, pour ceux dont la
vue eft limitée au jour préfent, ou au len-
demain, parce qu'ils ne vivent jamais que
de reffources inftantanées? Tous les biens
qui tiennent aux récompenfes de l'opinion,
font un billet à terme, dont il faut pouvoir attendre l'échéance éloignée; ce n'eft
qu'avec de la réflexion & de la fcience,
qu'on en connoît la valeur; & l'ignorance
de la plus grande partie d'une nation, la
rendra toujours inhabile à ces fortes de
combinaifons.

Que fi des hommes du peuple, je jette
un regard fur ceux qui compofent les claffes
de la fociété les plus relevées, je hafarderai une réflexion d'un genre différent;
c'eft que le pays où l'on a l'efpoir d'obtenir les plus éclatantes marques de diftinction, & où l'opinion publique a la puiffance d'exciter les héros, les grands admi-
niftrateurs, les hommes de génie dans tous

les genres, n'eſt pas celui où les devoirs de
la vie privée ſont le mieux connus & le
plus reſpectés. Les hommes, en ſe réuniſſant
pour célébrer, avec éclat, les grands talens
& les grandes actions, conſidèrent, avec
plus d'indifférence, les mœurs & les habitudes des particuliers; ils ſe font une beauté
idéale, compoſée de tout ce qui tient à la
célébrité de leur patrie, à l'honneur de leur
nation, à la puiſſance politique du monarque; & en s'accoutumant à tout rapporter
à ces intérêts, ils deviennent d'une indulgence extrême ſur les vertus communes, &
quelquefois même ils décident que les rares
qualités de l'eſprit en diſpenſent abſolument.
D'ailleurs, ſi la gloire peut ſervir de récompenſe aux travaux les plus aſſidus, &
aux privations les plus pénibles, il s'en faut
bien que les ſentimens tempérés de l'eſtime
puiſſent dédommager ceux qui les obtien-
nent du ſacrifice de leurs paſſions; il s'en
faut bien que ces ſentimens puiſſent donner
la force de réſiſter aux ſéductions multipliées
que les eſpérances de l'ambition, & les

chances de la fortune, développent à nos
regards; & cette confidération acquiert plus
de force au milieu d'un royaume, où, parmi
les diftinctions dont la feule faveur eft l'origine, il en eft qui attirent tant d'hommages,
qu'elles reffemblent prefque à la gloire elle-
même.

Enfin, & ce que je vais dire embraffe,
d'une manière générale, les diverfes queftions que je viens de traiter : l'eftime des
hommes, au moment même où ce fentiment femble le plus étranger à la morale
religieufe, ne reçoit pas moins d'elle fa
principale force & fa première vie ; c'eft
une réflexion d'une grande importance, &
dont je vais tâcher de démontrer la vérité.

On doit fe demander d'abord, quel eft
le principe originaire de la valeur conven-
tionnelle qu'ont, au milieu de nous, les
diverfes expreffions du fentiment de l'eftime : on trouvera, fans doute, que c'eft
une idée diftincte des devoirs de l'homme,
une notion du beau moral, auffi générale
que bien arrêtée. Or, aucune de ces con-

ditions ne peut être remplie fans le fecours
des opinions religieufes ; puifque la liaifon
de l'intérêt particulier à l'intérêt public, le
feul fondement des vertus de notre com-
pofition, eft, ainfi que nous l'avons montré,
un fyftême imparfait, & fufceptible d'une
multitude d'exceptions, ou d'interprétations
arbitraires. Il faut donc que nos obligations
fociales foient fixées d'une manière authen-
tique, fi l'on veut que nos jugemens & les
fentimens que nous accordons, foient un
indice réel du rapport de la conduite des
hommes avec la perfeÃ©tion morale ; mais,
fi cette perfeÃ©tion n'étoit déterminée que
par des conventions humaines, fi elle étoit
dépouillée de la majefté dont les idées religieufes la revêtiffent, l'opinion publique,
& les fentimens d'eftime, qui font le gage
& l'empreinte du beau moral, perdroient
infenfiblement de leur prix ; ils rappelle-
roient alors ces monnoies, dont on voudroit vainement conferver la valeur cou-
rante dans le commerce, après en avoir
altéré fenfiblement, ou le poids, ou le

titre; & en effet, pour fuivre encore un moment cette comparaifon, comment pourroit-on altérer davantage l'effence de la morale, & le refpect qui lui eft dû, qu'en la féparant des fublimes motifs que la religion préfente, pour l'allier uniquement à des confidérations politiques?

Je dois aller au-devant d'une objection; l'on dira peut-être que l'influence de l'honneur, dans les armées, femble être une preuve que l'opinion, fans le fecours d'aucun autre mobile, peut avoir une force fuffifante pour diriger les efprits vers le but qu'on fe propofe. Cette objection ne me paroît point décifive : l'honneur, dans les armées, conferve un grand afcendant, parce qu'au milieu des hommes ainfi raffemblés, il eft impoffible d'échapper à la honte & à la punition qu'entraîne une lâcheté; c'eft à la guerre que la puiffance de l'autorité, & celle de l'opinion, réuniffent toutes leurs forces, parce qu'elles exercent leur empire fur des hommes foumis à une feule action & à un feul efprit, par cette fubordination

fingulière, connue fous le nom de difcipline. Auffi, lorfque dans les commence-
mens de la république romaine, l'armée
participoit davantage à l'efprit des cités,
& n'étoit pas encore affouplie au joug militaire, ce ne fut que par l'autorité du ferment,
& avec le fecours des idées religieufes,
que les Généraux vinrent à bout de prévenir
l'inconftance & la défection de ceux qui les
fuivoient à la guerre. Quelle que foit donc
aujourd'hui la puiffance de l'honneur, dans
les armées, quelle que foit fon influence
dans ces champs de bataille, où les acteurs,
les témoins & les juges fe touchent, & n'ont
à pratiquer, à remarquer, à louer qu'une
feule vertu, on ne fauroit en tirer aucune
induction, applicable aux relations fociales,
dont l'étendue eft immenfe, & dont la
diverfité n'a point de bornes. D'ailleurs, il
s'en faut bien que l'honneur militaire foit
étranger aux principes généraux de morale,
&, par conféquent, aux opinions religieufes, le plus ferme appui de ces mêmes
principes; car tous les fentimens, qui tien-

nent, de quelque manière, à l'idée d'un beau sacrifice, perdroient infiniment de leur force, si la base universelle de nos devoirs étoit jamais ébranlée.

Il faut un modèle réel, pour fixer l'admiration des hommes; & ce n'est que par un rapport, plus ou moins fugitif, avec ce premier modèle, que plusieurs opinions qui semblent, en apparence, de simple convention, ont acquis de la consistance.

Il est résulté, cependant, de nos coutumes guerrières, une opinion purement sociale, dont l'action est infiniment puissante : c'est celle du point-d'honneur, quand on la considère dans l'acception unique & singulière, où l'on est prêt à sacrifier sa vie, pour se garantir de la plus légère humiliation. Cette opinion, il est vrai, ne dicte des règles qu'entre des égaux, & elle exerce uniquement son empire sur la petite partie d'une nation, qui, toute entière à l'esprit de société, s'occupe essentiellement de parallèles & de distinctions; elle est une antique dépendance de l'honneur militaire; & en

réuniffant toutes fes forces vers une feule
idée, elle eft devenue un principe fimple,
qu'on s'eft tranfmis aveuglément, & qu'on
a refpecté de même. C'eft par l'effet d'une
femblable habitude, que les Sauvages
mettent leur gloire à méprifer la douleur, &
à montrer de la gaieté, au milieu des plus
cruels tourmens. Pouvons-nous douter que
leur exaltation furnaturelle ne s'affoiblit à
l'inftant où ils participeroient à nos idées les
plus communes ? De même, notre point-
d'honneur qui, dans fon exagération, reffemble à leurs chants de mort, ne réfifteroit
pas à la métaphyfique du raifonnement, fi
jamais une telle métaphyfique devenoit
notre feul guide en morale ; car, après
avoir décompofé les motifs de nos plus importantes obligations, nous analyferions
auffi le fentiment fubtil, qui nous fait
compter pour rien le danger: oui, fi le refpect pour la religion étoit abfolument détruit ; fi cette opinion fimple, qui entraîne
tant d'obligations, qui fert de défenfe à
tant de devoirs, n'avoit plus de foutien,

l'idée de l'honneur ne tarderoit pas à s'affoiblir ; & notre personnalité dégagée insensiblement de tous les liens de l'imagination, prendroit un caractère si rude & si
déterminé, que nos impressions habituelles,
& nos rapports avec les autres, seroient absolument changés.

Qu'on me permette encore une réflexion:
il sera toujours facile de soumettre les
hommes à une opinion dominante, quand
eux-mêmes, & ceux qui les gouvernent,
réuniront tous leurs efforts pour atteindre
à un tel but ; mais, si cette opinion dominante n'est pas, comme la religion, le
principe général de notre conduite, si elle
ne peut pas nous donner des loix dans les
diverses situations de la vie, elle ne servira,
le plus souvent, qu'à nous tenir hors d'équilibre, ou son utilité du moins ne sera que
partielle & momentanée. Cependant si,
dans la vue de remédier à un pareil inconvénient on cherchoit à multiplier ces mêmes
opinions, elles s'affoibliroient les unes par
les autres ; car, toutes les fois qu'on veut

commander fortement à l'imagination, il faut toujours qu'une feule idée, une feule autorité, un feul objet d'intérêt captivent l'attention des hommes. La perfection en ce genre, c'eft le choix d'un principe unique, mais dont les conféquences s'étendent à tout; & tel eft le mérite particulier des opinions religieufes.

Nous pouvons donc, au nom de la raifon, au nom de la politique, au nom de la philofophie, demander du refpeet pour elles; &, je dois le redire, puifqu'il eft temps de me réfumer, bien loin que l'eftime ou le mépris, l'honneur ou la honte, puiffent fuppléer à l'active influence des idées religieufes, ce font ces mêmes idées qui affermiffent l'opinion publique, & qui, plus ou moins obfcurément, dirigent & contiennent fes divers rameaux. On arriveroit bientôt à raifonner fubtilement, fur le prix qu'on doit mettre aux fentimens d'eftime, fi l'expreffion de ces fentimens ne s'uniffoit pas dans notre penfée, à quelque chofe de plus grand que le jugement des hommes, & fi une

fainte

fainte vénération pour la vertu, n'étoit pas imprimée de bonne heure au-dedans de nous, par une éducation religieufe. L'on éprouveroit qu'en voulant tout fonder fur des calculs mondains, ces mêmes calculs détruiroient tout; & la morale ayant une fois perdu fon grand appui, on effaieroit en vain de la foutenir par l'échafaudage des loix, & par les vains efforts d'une opinion qui n'auroit plus de guide. Le déguifement & la diffimulation, devenus tout-à-coup une fcience néceffaire, une défenfe légitime, lafferoient l'attention de tous les furveillans; & les témoignages d'eftime ne paroiffant plus qu'un adroit encouragement accordé aux facrifices de foi-même, la louange décernée à une conduite généreufe difcréditée infenfiblement, & par ceux qui la donneroient, & par ceux qui la recevroient, finiroit peut-être par devenir un objet fecret de dérifion, & comme un fimple jeu des uns contre les autres.

Tout eft remis, tout eft affermi, dans fa place, par les idées religieufes; ce font

I

elles qui, environnant, pour ainſi dire, le ſyſtême moral en ſon entier, reſſemblent à cette force univerſelle & myſtérieuſe de la nature phyſique, qui contient les mondes dans leurs orbites, qui les aſſujettit à une marche régulière, & qui, au milieu de l'ordre général qu'elle entretient, échappe à l'attention des hommes, & paroît à leurs foibles yeux, comme étrangère à ſon propre ouvrage.

CHAPITRE III.

Objection tirée de nos dispositions naturelles au bien.

Les hommes, selon l'opinion de plusieurs personnes, ont reçu de la nature un penchant secret vers tout ce qui est juste, bon & honnête ; & il résulte de cette heureuse inclination, que la tâche des moralistes se borne à prévenir l'altération de notre constitution originaire ; tâche facile, ajoute-t-on, & qui peut être remplie sans aucun effort extraordinaire, & sans avoir recours aux opinions religieuses.

On doit observer d'abord, que l'existence de ce beau moral inné est, depuis long-temps, un sujet de contestation, comme le sera toujours toute assertion dont on ne sauroit démontrer la vérité, ni par le raisonnement, ni par l'expérience. Nous ne pouvons pas appercevoir distinctement les dispositions naturelles de l'homme, puisqu'à nos yeux, elles ne sont jamais

I 2

séparées de la perfection, ou de la modification, qu'elles doivent à l'éducation &
à l'habitude. On cite un ou deux exemples
d'enfans adultes trouvés dans des forêts ;
mais on ignore, & à quel âge précis ils
avoient été abandonnés par leurs parens,
& quels eussent été leurs penchans si, ramenés dans la société, ils n'y avoient pas
été guidés par des instructions, ou contenus
par la crainte & la subordination. Il est peu
vraisemblable que l'homme tienne, de sa
première nature, toutes les dispositions qui
le portent au bien ; il n'est pas même
de son orgueil, ou de sa dignité, d'avoir
cette pensée, puisque les facultés intellectuelles dont il est doué, le pouvoir qu'il
a de tendre graduellement à la perfection,
lui annoncent qu'il doit remplir sa carrière
à l'aide de sa raison, & que bien différent de ces êtres gouvernés par un instinct
invariable, il s'élève autant au-dessus d'eux,
par la beauté des moyens qui lui ont été
confiés, que par la grandeur de la destinée
à laquelle il lui est permis d'aspirer.

Cette même raison néanmoins, notre guide fidèle, seroit insuffisante pour nous attacher aux idées d'ordre, de justice & de bienfaisance, si elle n'étoit pas secondée par une nature propre à recevoir l'impression de tous les sentimens généreux ; mais une pareille réflexion, loin de favoriser aucun système d'indépendance ou d'impiété, reçoit des opinions religieuses sa principale force. Quelle est, en effet, à cet égard, la marche de la pensée ? Nous attribuons d'abord à un Être universel & suprême, toutes les perfections qui semblent devoir constituer son essence ; & conduits par ce principe, nous sommes entraînés à présumer que nous, ses créatures intelligentes & son plus bel ouvrage, nous participons de quelque manière à l'esprit divin, dont nous sommes émanés : mais, si l'on parvenoit à nous persuader que notre confiance dans l'idée d'un Dieu, est une illusion mensongère, nous n'aurions aucun motif pour croire que les rejettons d'une nature aveugle & sans guide, fussent disposés

I 3

au bien, plutôt qu'au mal. Il faut donc
puiser notre opinion du beau moral inné
dans un sentiment intime, & dans une conviction parfaite de l'existence d'une puissance
ordonnatrice, le premier modèle de toutes
les perfections : mais, comme nous tenons
également de cette puissance, les facultés
qui nous rendent capables d'acquérir des
connoissances, de nous instruire par l'expérience, de porter nos regards dans l'avenir,
& d'élever à Dieu nos pensées, nous ne
saurions distinguer ces derniers moyens de
force & de vertu, de ceux qui appartiennent à notre premier instinct ; & nous
n'avons aucun intérêt à le faire.

Ce que nous appercevons le plus clairement, c'est qu'il y a une correspondance
& une harmonie entre toutes les parties
de notre nature morale ; & qu'ainsi l'on ne
peut, ni dénier l'existence de nos penchans
naturels vers le bien, ni considérer ces
penchans comme une disposition qui n'a
besoin d'aucun sentiment religieux pour
acquérir de la force, & devenir un con-

ducteur éclairé dans la pénible route de
la vie. La production des fruits salutaires
exige, avant toutes chofes, un fol favo‑
rable & propre à la culture ; mais cet avan‑
tage ne ferviroit à rien, fans la femence,
fans le travail du laboureur, & fans la
féconde chaleur du foleil : l'auteur de la
nature a voulu qu'un grand nombre de
caufes concouruffent à la renaiffance per‑
pétuelle des richeffes de la terre ; & les
mêmes intentions, le même plan, femblent
avoir déterminé le principe & le dévelop‑
pement de tous les dons de l'efprit & de
la penfée : c'eft ainfi que, pour attacher
des êtres intelligens à l'amour de la vertu,
& au refpect pour l'ordre moral, il faut,
non‑feulement une heureufe difpofition na‑
turelle, mais encore une éducation fage,
de bonnes loix, & pardeffus tout, une
relation continuelle avec l'Être fuprême,
de laquelle feule peuvent naître tous les
fentimens foutenus & toutes les ardentes
penfées ; mais les hommes ambitieux de
foumettre une grande diverfité de rapports

I 4

à leur foible compréhenſion, voudroient les
enchaîner à un petit nombre de cauſes. Nous
découvrons, à chaque inſtant, la vérité de
cette obſervation; & c'eſt par un ſemblable
motif, que tantôt on veut tout attribuer à
l'éducation, & tantôt on prétend que nos
diſpoſitions naturelles ſont l'unique ſource
de nos actions & de nos volontés, de nos
fautes & de nos vertus. Peut-être, en effet,
n'y a-t-il dans l'univers, qu'un ſeul moyen,
qu'un ſeul reſſort, qu'une ſeule idée mère,
la tige de toutes les autres : mais, comme
c'eſt à l'origine de cette idée, & non dans
ſes développemens innombrables, que ſon
unité peut être apperçue, le premier or-
donnateur de la nature doit ſeul en avoir le
ſecret; & nous, qui ne voyons, de l'immenſe architecture du monde, qu'un petit
nombre de roues, nous devenons preſque
ridicules, lorſque nous faiſons choix, tantôt
de l'une, & tantôt de l'autre, pour y rapporter excluſivement la cauſe du mouvement & des propriétés de la plus ſimple des
parties du monde moral ou phyſique.

CHAPITRE IV.

Objection tirée de la bonne conduite de plusieurs hommes irreligieux.

ON trouvera peut-être, après avoir lu le Chapitre précédent, que j'ai pris peu d'espace pour traiter une question sur laquelle on a beaucoup écrit : mais si l'on jugeoit cependant, que je me fusse approché de l'exacte raison, je n'aurois pas besoin d'autre excuse. La recherche de la vérité ressemble à ces cercles que l'on trace quelquefois les uns autour des autres ; le plus éloigné du point central a nécessairement le plus d'étendue.

Je vais donc tâcher d'examiner encore, d'une manière abrégée, l'objection qui doit faire le sujet de ce Chapitre.

La société, dit-on, est aujourd'hui remplie de personnes qui, pour me servir de l'expression du temps, sont absolument dégagées de toute espèce de préjugés, qui ne

croient pas même à l'exiſtence d'un Être
ſuprême ; & cependant , leur conduite
paroît auſſi régulière que celle des hommes
les plus religieux.

Avant de répondre à cette objeĉtion , je
dois faire une obſervation importante. Les
détraĉteurs de l'eſprit religieux confondent
habituellement , dans leurs diſcours , la dévotion & la piété ; ils attribuent , de plus,
à la dévotion , un ſens exagéré , que ſa dé-
finition naturelle ne comporteroit pas ; &
ils tirent de ces mal - entendus un grand
avantage. La piété, ſimple dans ſes ſentimens & dans ſon extérieur , échappe communément aux regards diſtraits des hommes
du monde , & la plupart de ceux qui en
parlent, auroient peine à la bien dépeindre :
la dévotion , au contraire , telle qu'on eſt
dans l'uſage de ſe la repréſenter , ſemble
attacher du prix aux apparences ; elle ſe
montre en dehors, elle fait parade de l'auſ-
térité de ſes principes ; & ſouvent aigrie par
les ſacrifices ou les aſſujettiſſemens dont
elle s'eſt impoſé la loi , elle contraĉte

un esprit de sécheresse & de dureté, qui
l'éloigne des sentimens doux, aimables &
indulgens : enfin, la dévotion est quelquefois
mêlée d'hypocrisie, & alors elle n'est qu'un
indigne assemblage des vices les plus méprisables. Il est aisé de juger, par ces deux
tableaux, qu'une piété sage, raisonnable
& sensible, forme le véritable caractère de
l'esprit religieux, considéré dans sa pureté.
C'est donc avec la morale, inspirée par un
semblable esprit, qu'il faut comparer celle
des hommes, guidés uniquement par les
principes qu'ils se sont faits à eux-mêmes ; &
je crois que l'une de ces deux morales est
bien supérieure à l'autre : mais on court le
risque de se tromper dans ses observations,
quand on ne les étend pas au-delà de cette
étroite enceinte, connue parmi nous sous
le nom de *société*. Les hommes, dans les
rapports circonscrits qui naissent d'une communication d'oisiveté & d'amusement,
n'exigent, les uns des autres, que les qualités applicables à ces sortes de relations ;
leur code de loix est infiniment abrégé, la

sûreté dans le commerce de la vie, la conf-
tance en amitié, ou la fuite du moins dans
les procédés, une forte d'élévation dans les
difcours & dans les manières, & une probité enfin deffinée à grands traits, voilà tout
ce qu'il faut, pour fe montrer bien au milieu
du mouvement habituel qui nous raffemble :
on y forme quelquefois une confédération
propre à fervir de foutien aux grandes vertus ; mais ce qu'on y veut avant tout, c'eft
un pacte d'indulgence, en faveur des vices
qui ne troublent point l'ordre & la paix des
plaifirs, & qui ne rendent malheureux que
des parens, des maris, des créanciers, des
vaffaux & des gens du peuple. Il y a loin,
fûrement, d'une femblable tolérance, à cette
maffe d'obligations que la morale indique,
obligations dont j'ai fait un tableau rac-
courci, lorfque je les ai mifes en parallèle
avec celles qui font impofées par les loix
civiles. Ce n'eft donc qu'après s'être retracé
le fyftême entier de nos devoirs, ce n'eft
qu'après l'avoir comparé aux conventions
adoucies de la fociété du grand monde,

qu'on est en état de juger si la conduite des personnes dégagées de toute espèce de liens religieux, doit être donnée en exemple, & si leur morale peut suffire à toutes les circonstances de la vie.

Mais en admettant, pour un moment, cette supposition, on n'auroit pas le droit d'en tirer aucune induction contraire aux vérités que j'ai tâché d'établir ; car tous ceux qui s'affranchissent, à un certain âge, du joug des opinions religieuses, n'ont pas moins été préparés par elles au respect de la vertu. Les principes inculqués dans la première jeunesse, ont une grande influence sur le cœur de l'homme, long-temps encore après que son esprit a rejetté les raisonnemens qui servoient de base à ces mêmes principes: l'ame, formée de bonne heure à l'amour de l'ordre, & soutenue dans cette disposition par la force de l'habitude, ne se dénature jamais entiérement. Ainsi, quelles que soient les opinions adoptées dans l'âge où le jugement est formé, c'est lentement & par degrés, que ces opinions agissent sur le caractère, & dirigent l'homme dans ses actions. D'ailleurs, tant que les idées religieuses entretiennent, parmi le plus grand nombre des hommes, un sentiment profond du beau moral ; ceux qui rejettent ces idées, savent néanmoins que l'honnêteté conduit à l'estime & aux divers biens qui en dépendent. Ainsi, un athée vertueux nous rappelle simplement que la morale est en honneur autour de lui ; & ce n'est pas l'inutilité, mais au contraire l'influence indirecte des opinions religieuses, que sa conduite me démontre : je crois voir, dans un beau mécanisme, une pièce détachée de ses liens, & qui se maintient à sa place, par la force encore subsistante de l'équilibre général.

Eh quoi ! auriez-vous besoin de la religion, pour être un honnête homme ? Voilà l'interrogation avec laquelle on espère embarrasser les personnes qui veulent conserver à la morale ses divers appuis ; & la peur qu'elles ont de ne pas donner une idée honorable de leurs sentimens, les engage à répondre avec célérité, que sûre-

ment elles n'auroient pas befoin du frein
de la religion , & qu'elles feroient toujours
fuffifamment bien conduites par leur propre
cœur. Cette réponfe eft très-refpectable ,
fans doute : mais pour moi, je l'avoue, je
dirois fimplement qu'il y a tant de charmes
dans la vertu, quand on l'a long-temps pra-
tiquée , qu'un homme véritablement fenfible continueroit à être honnête , lors même
que toutes les idées religieufes s'anéanti-
roient devant lui ; mais qu'il eft incertain
fi , avec une éducation politique, fes principes euffent été les mêmes : & j'ajouterois
encore que perfonne peut - être ne feroit
en état d'affurer , qu'il auroit affez de force
pour réfifter à une révolution d'idées pareille à celle qu'on vient de fuppofer , s'il
tomboit en même temps dans un état de
mifère & d'abjection, qui le révoltât contre
les jouiffances & les triomphes des autres.
C'eft toujours dans une femblable fituation
qu'il faut fe tranfporter , pour bien juger
de certaines queftions ; car tous ceux qui
jouiffent des faveurs de la fortune ont, par

un effet de cette heureuse condition, un moindre nombre d'objets d'envie, & de sujets de tentation; &, au milieu des divers biens dont ils sont doucement environnés, ce n'est que des principes des autres dont ils connoissent le besoin.

Quant aux écrivains philosophes, si c'étoit parmi eux qu'on dût chercher les principaux chefs des opinions nouvelles, & si en même temps leur conduite morale étoit citée en exemple, on auroit à faire observer que la vie retirée, l'amour de l'étude & l'habitude constante de la réflexion, doivent répandre une sorte de calme dans leurs sentimens; livrés d'ailleurs aux abstractions, ou préoccupés d'idées générales, ils ne connoissent pas toutes les passions, & ils sont rarement mêlés personnellement à ces intérêts ardens, qui remuent la société. On ne sauroit donc déterminer avec certitude, quelle eût été la mesure de leur force résistante, si, sans autres armes défensives que leurs principes, & sans autre guide que leur convenance, ils eussent eu à combattre

contre

contre les féductions de fortune & d'ambition, qui fe préfentent à chaque pas dans
la carrière du monde. Ils ont auffi, comme
tous les inventeurs & les propagateurs d'un
nouveau fyftême, le fentiment de vanité,
qui engage à multiplier le nombre de fes
difciples: & comment, en effet, auroient-ils
pu fe flatter d'aucun fuccès, fi, en attaquant
les opinions les plus refpeétées, ils n'avoient
pas effayé de prouver que leur doétrine
n'étoit point en oppofition avec la morale?
Il faut bien, d'ailleurs, qu'après avoir miné
fourdement les fondemens de notre demeure, ils en foutiennent quelques momens
l'édifice, ne fût-ce que pendant l'efpace de
temps où ils ont avec nous une habitation
commune, ne fût-ce que pendant l'inter-
valle où l'on peut encore juger, en leur
préfence, de l'utilité de leurs inftruétions.
Enfin, le plus fouvent peut-être, dupes de
leur propre cœur, ils ont été portés à croire
que, parce qu'ils étoient à la fois irréligieux par fyftême, & honnêtes par caractère & par habitude, la religion & la vertu

K

n'avoient point d'union néceffaire ; & s'il
eft vrai que dans les grands intérêts de la
vie, le plus léger doute a de l'influence fur
nos actions, ne feroit-il pas poffible qu'au
moment où l'on chercheroit à ébranler les
opinions religieufes, & dans le temps même
où l'on fe permettroit de les ridiculifer dans
fes difcours, on ne cherchât cependant à
conferver un lien fecret avec elles, par
l'exactitude de fa conduite ? C'eft ainfi que,
dans les difputes des princes, ou dans les
querelles des miniftres, les membres d'une
même famille ont quelquefois l'art de fe
divifer, afin d'avoir, à tout événement,
un des leurs dans chaque parti.

Ces diverfes réflexions doivent néceffairement être prifes en confidération, avant
de fe rendre aux inductions que l'on voudroit tirer de la régularité des mœurs de
plufieurs hommes irréligieux : mais, pour
difcréditer entiérement cette efpèce d'argument, il fuffit d'obferver qu'on ne peut
en faire aucune application à la claffe la
plus nombreufe des hommes : les athées

honnêtes gens n'ont jamais exifté parmi
le peuple, la religion compofe toute fa
fcience en morale; & s'il venoit à perdre
ce guide, fa conduite feroit abfolument
dépendante du hafard & des circonftances.

Il eft encore effentiel d'obferver que,
felon les motifs auxquels on peut attribuer le relâchement des principes de morale, il règne une grande différence entre
les divers caractères qui accompagnent les
actions vicieufes: l'homme dépravé, quoique religieux, fait le mal par accident,
par foibleffe, & felon l'emportement fuc-
ceffif de fes paffions; mais l'athée méchant
n'a point de temps marqué, ni d'époques
particulières: ce ne font pas les occafions
qui l'entraînent; c'eft lui qui les cherche,
ou qui les attend avec impatience; il ne
cède point par un efprit d'imitation, mais
il prend plaifir à fervir d'exemple; il n'eft
pas un fruit corrompu, il eft l'arbre même
du mal.

On fait encore une objection, mais
d'un genre abfolument différent: on relève

K 2

le contrafte apperçu fréquemment entre la conduite & les fentimens religieux de la plupart des hommes; oppofition d'où l'on voudroit conclure que ces fentimens ne font point une fauve-garde certaine : & l'on ajoute à l'appui de la même confidération, qu'en examinant la croyance de tous ceux dont la vie licencieufe fe termine par des peines capitales, ou infamantes, on voit que le plus grand nombre eft compofé de gens aveuglément foumis aux opinions religieufes.

Sans doute, ces opinions ne forment pas, en tout temps, une réfiftance complète aux différens écarts de nos paffions; mais il fuffit que ce foit la plus efficace de toutes. Il y a eu, & il y aura toujours des hommes vicieux & corrompus au milieu des fociétés où les idées religieufes ont le plus d'empire; car elles n'agiffent point fur nous comme une force mécanique, par des poids, des leviers & des refforts, dont on peut calculer exactement la puiffance; elles ne font pas non plus une modification

absolue de notre nature ; mais elles nous
éclairent, elles nous guident, elles nous
animent selon nos dispositions, nos penchans, notre caractère & notre sensibilité,
& selon la mesure de nos propres efforts
dans les divers combats que nous avons à
soutenir ; ce seroit donc une mauvaise foi
évidente, que d'attaquer la religion, en
faisant le tableau des vices & des crimes
dont elle n'a pu garantir la société, au lieu
de fixer notre attention sur tous les dé-
sordres qu'elle arrête ou qu'elle prévient.

On auroit tort également, de nous présenter l'affoiblissement général de l'esprit
religieux comme une preuve que cet esprit a, de nos jours, très-peu d'influence
sur la morale ; il faudroit plutôt remarquer
combien ne doit pas être efficace une puissance qui, dans la dégradation même de
ses forces, est encore suffisante pour concourir au maintien de l'ordre public ; on
seroit autorisé à dire : Que ne vaut pas le
tout, si l'on reçoit tant d'avantage d'une
simple partie ?

Enfin, la conféquence que l'on voudroit tirer des opinions, & de la croyance des fcélérats abattus par le glaive de la juftice, eft encore un véritable abus du raifonnement : les hommes qui ont une religion formant la majeure partie de la population d'un pays, l'on doit y rencontrer néceffairement le plus grand nombre de malfaiteurs ; de la même manière que l'on eft fûr de trouver, dans cette claffe, le plus grand nombre d'hommes de tel âge, de telle ftature, ou de telle couleur : mais, fi l'on étoit fondé à fe fervir d'un pareil argument pour cenfurer l'éducation religieufe, on pourroit, avec autant de motifs, contefter la falubrité du lait maternel, en alléguant que la plupart des malades & des mourans ont reçu cette nourriture. Il ne faut jamais confondre une circonftance commune, ni même une condition univerfelle, avec une caufe générale ; ce font deux idées abfolument diftinctes.

Il eft d'autres objections qui méritent également d'être approfondies ; mais elles se trouveront placées, avec plus d'ordre, après le Chapitre où je vais examiner, sous divers rapports, l'influence des opinions religieuses sur notre bonheur. L'on a vu, & l'on appercevra davantage encore, dans la suite de cet Ouvrage, que je ne cherche point à échapper aux difficultés : car, avant d'avoir résolu de défendre, selon mes forces, une cause que je voudrois rendre si chère aux hommes, j'en ai étudié soigneusement les moyens ; & c'est après m'être affermi contre les systêmes opposés à mes sentimens, que je redoute moins de développer les motifs qui leur servent d'appui.

CHAPITRE V.

Influence des idées religieuses sur le bonheur.

QUAND on a montré l'étroite liaison de la morale avec les opinions religieuses, on a déjà fait connoître un des principaux rapports de ces mêmes opinions avec la félicité publique, puisque le repos & la tranquillité intérieure des sociétés dépendent essentiellement du maintien de l'ordre civil & de l'observation exacte des loix de la justice. Mais la grande partie du bonheur dont les hommes sont susceptibles, n'a point été mise en communauté : ainsi, la religion ne seroit bienfaisante envers eux qu'imparfaitement, si elle étoit étrangère à leurs sentimens intimes, & si elle ne leur étoit d'aucun service, dans ce combat secret d'affections de tout genre, qui agitent leur ame, & qui préoccupent leurs pensées. Il s'en faut bien qu'on puisse faire ce reproche

aux opinions religieuses ; & ce qui les
élève véritablement au-dessus de toute
espèce de doctrine & de législation , c'est
qu'elles influent également sur l'homme &
sur la société , sur la félicité publique & sur
le bonheur des particuliers. Nous devons
examiner cette vérité ; mais pour le faire
avec un peu de philosophie , il faut nécessairement considérer de près notre nature
morale , & remonter pour un moment aux
premières causes des jouissances ou des
anxiétés de notre esprit.

L'homme , dès les premiers pas qu'il fait
dans le monde, & aussi-tôt que ses facultés
intellectuelles se développent , porte ses
regards en avant , & vit dans l'avenir ; il
n'appartient au présent , que par les plaisirs
ou les douleurs physiques ; mais dans les
longs intervalles qui existent entre la sus-
pension & le renouvellement de ces sortes
de sensations , c'est par la prévoyance &
par la mémoire , qu'il est heureux ou malheureux ; & ses souvenirs même ne l'inté-
ressent , qu'en raison des rapports qu'il

apperçoit entre l'avenir & le paffé. Sans
doute, l'influence de l'avenir fur toutes nos
affections morales, échappe le plus fouvent
à notre attention; &, pour citer quelques
exemples de cette vérité, nous croyons
n'être heureux que par le préfent, lorfque
nous recevons des éloges, lorfque nous
obtenons des marques de confidération,
lorfque nous apprenons la nouvelle de quelque augmentation fubite dans notre fortune,
& lorfqu'en prenant part à la converfation,
ou en nous occupant dans notre cabinet,
nous fommes contens du jeu de notre imagination & des découvertes de notre efprit.
Toutes ces jouiffances & beaucoup d'autres
femblables, nous les appellons le bonheur
préfent; cependant, il n'en eft aucune qui
ne doive fa valeur & fa réalité à la feule
idée de l'avenir. En effet, les égards,
les refpects, la louange, les triomphes de
l'amour-propre, les avant-coureurs de la
gloire, & la gloire elle-même, font des
biens que l'éducation & l'habitude nous
ont rendus précieux, en nous montrant

toujours par-delà quelque autre avantage, dont ces premiers biens n'étoient que le symbole. Souvent encore, le dernier objet de notre ambition n'est lui - même qu'une jouissance d'opinion, & l'image confuse de quelque possession plus réelle. Par-tout on voit le vague sur le vague, entraîner notre imagination ; par - tout on voit les biens à venir, ou le but immédiat de notre pensée, ou le motif obscur du prix que nous mettons aux diverses satisfactions, dont notre bonheur présent se compose. Ainsi, soit indirectement, & presque à notre insçu, soit d'une manière sensible à nos propres yeux, tout est en lointain, tout est en perspective dans notre existence morale ; & c'est par cette raison que, toujours abusés, nous ne sommes presque jamais parfaitement détrompés. Asservis par une longue habitude, c'est en vain que nous voudrions séparer des biens d'opinion, l'atmosphère d'espérances qui les environne, & dont nous avons été séduits toute la vie.

Il est peu de parties du système moral, qui ne puisse s'accorder avec cette manière d'expliquer la principale cause de nos plaisirs & de nos peines. Je suis bien loin , cependant, de vouloir faire dépendre du même principe , les sentimens qui unissent les hommes par le charme de l'amitié , & qui influent d'une manière si essentielle sur leur bonheur. Tout est réel dans ces affections , puisqu'elles sont une simple association de nous aux autres , & des autres à nous, & que, sous ce rapport, on peut les considérer comme une sorte de prolongation de notre propre existence : mais ce partage intime & des biens & des maux de la vie , n'en dénature point l'essence. L'amitié double nos jouissances & nos consolations , & c'est par l'étroite confédération de deux ames, qui sympatisent ensemble , qu'on s'affermit contre tous les événemens ; mais c'est toujours avec les mêmes passions qu'il faut combattre : ainsi, soit que nous restions isolés, soit que nous vivions dans autrui, l'avenir conserve sur nous son empire.

Si telle eft, cependant, notre nature morale, que l'objet de nos vœux foit toujours à quelque diftance ; fi notre penfée eft femblable au cours de ces vagues, qu'un mouvement en avant agite fans ceffe; fi nos jouiffances préfentes ont une liaifon fecrète avec ces biens d'opinion, dont le dernier terme eft encore une ombre fugitive ; enfin, fi tout eft avenir dans le fort de l'homme ; avec quel intérêt, avec quel amour, avec quel refpeft, ne devons-nous pas confidérer ce beau fyftême d'efpérance, dont les opinions religieufes font le majeftueux fondement ! Quel encouragement elles nous préfentent ! Quel but à la fin de tous les autres ! Quelle grande & précieufe idée, par fon rapport avec le fentiment le plus général & le plus intime, le defir de prolonger fon exiftence ! Ce que l'homme redoute le plus, c'eft l'image d'un anéantiffement éternel ; la deftruction abfolue de toutes les facultés qui compofent fon être, eft pour lui l'écroulement de l'univers entier ; & il a befoin de chercher un refuge contre cette accablante penfée.

Sans doute, c'eft felon la nature, c'eft felon le degré de force des opinions religieufes, que l'homme faifit avec plus ou moins de confiance les efpérances qu'elles donnent, & les récompenfes qu'elles promettent; mais l'obfcurité, le doute, l'incertitude ont une action puiffante, toutes les fois que le fouverain bonheur en eft l'objet; car, dans les affaires même de la vie, la grandeur du prix, offert à notre ambition, excite encore plus notre ardeur, que la probabilité du fuccès. Mais, où fe prendre, où attacher la plus légère efpérance, fi l'idée même d'un Dieu, ce premier appui des opinions religieufes, étoit jamais détruite; fi, dès l'enfance de l'homme, on ne préfentoit à fa réflexion, que des confidérations mondaines, auffi paffagères que lui; & fi, en le rabaiffant de bonne heure à fes propres yeux, on s'appliquoit à étouffer le fentiment intérieur, qui l'avertit de la fpiritualité de fon ame? Découragé de cette manière, par les premiers principes de fon éducation, ralenti dans tous les mouvemens qui portent en avant fa penfée, fes regards fe tourneroient fouvent en arrière ; le paffé lui rappellant une perte irréparable, capti- veroit trop fon attention ; & fon efprit, au milieu des temps, ne feroit plus dans l'équi- libre néceffaire, pour jouir du moment préfent ; enfin, ce moment, qui n'eft, en réalité, qu'une fraction imperceptible, ne paroîtroit prefque rien à nos yeux, s'il n'étoit pas uni, dans notre penfée, au nombre inconnu des jours & des années qui font devant nous. C'eft donc parce qu'il n'y a rien de limité dans les idées de bonheur & de durée, dont les opinions religieufes nous pénètrent, que notre imagination n'eft jamais forcée de fe replier fur elle-même, & qu'elle fe perd d'une manière infenfible dans l'immenfité de l'avenir.

Qu'en fuivant le cours d'un fleuve, un vafte horifon fe préfente à notre vue, nous n'arrêtons point nos regards fur les bords fa- blonneux des rives que nous côtoyons : mais fi, changeant de fite, ou à la chûte du jour,

cet horifon fe refferre, notre attention commence à fe fixer fur les plages arides qui
font près de nous, & c'eft alors feulement
que nous remarquons toute leur féchereffe
& leur ftérilité. Il en eft de même de la
carrière de la vie. Que les grandes idées
de l'infini élèvent nos penfées & nos efpérances, nous fommes moins affectés des
peines & des ennuis qui font femés fur notre
paffage; mais fi, en changeant de principes,
une ténébreufe philofophie venoit obfcurcir
notre perfpective, notre attention fe rameneroit toute entière fur les objets qui
nous environnent, & nous découvririons
alors trop diftinctement le vuide & l'illufion
des fatisfactions, dont notre nature morale
eft fufceptible.

Reconnoiffons donc tout ce que nous
devons de bonheur à ces opinions religieufes
& fenfibles, qui, en nous attirant fans ceffe
vers l'avenir, femblent vouloir fauver de
l'inftant préfent, la partie la plus pure de
nous-mêmes; elles font, fans que nous
l'appercevions, l'enchantement du monde
moral;

moral ; & , s'il étoit possible que, par de froids raisonnemens, on parvînt à les détruire , une triste mélancolie s'allieroit à la plupart de nos pensées, & il sembleroit qu'un linceul funèbre auroit pris la place de ce voile transparent , à travers lequel s'embellit à nos yeux le spectacle de la vie. Sans doute , il y auroit encore quelque charme dans ces jours de la jeunesse , où les plaisirs des sens se pressent davantage , & remplissent , à eux seuls , un si grand espace : mais, quand les passions sont tempérées par l'âge ou par l'habitude ; quand les forces sont abattues par la vieillesse , ou attaquées à l'avance par les maladies ; enfin , lorsque le temps est arrivé, où les hommes sont contraints de chercher, dans les sensations morales , le principal aliment de leur bonheur ; que deviendroient-ils , si l'on dissipoit d'autour d'eux , ces opinions & ces espérances qui , tantôt les encouragent & tantôt les consolent , & si l'on affoiblissoit ainsi cette imagination active , qui vivifie tous les objets auxquels la prévoyance peut atteindre ?

L

Qu'on réfléchiffe donc avec attention fur les diverfes conféquences, qui feroient la fuite funefte de l'anéantiffement des opinions religieufes : ce n'eft pas une feule idée, une feule perfpective, que les hommes perdroient ; ce feroit encore l'intérêt & le charme de tous les defirs & de toutes les ambitions. Il n'y a rien d'indifférent, lorfque nos actions & nos deffeins peuvent s'allier, de quelque manière, à un devoir ; il n'y a rien d'indifférent, lorfque l'exercice & la perfection de nos facultés paroiffent le commencement d'une exiftence, dont le dernier terme nous eft inconnu : mais, quand ce terme s'offriroit de toutes parts à notre vue ; quand nous y toucherions à tout moment ; quelle force d'illufion pourroit fuffire, pour fe défendre d'un trifte découragement ? Etroitement circonfcrits dans l'efpace de la vie, fa limite feroit tellement préfente à notre efprit, qu'à chaque entreprife, à chaque penfée, à chaque fentiment peut-être, nous ferions tentés d'examiner qu'eft-ce

qui peut valoir de notre part une recherche affidue ; qu'eft - ce qui peut mériter
la peine que nous nous en occupions avec
obftination. Oui, la gloire elle - même ,
que l'on nomme immortelle, ne nous en-
traîneroit plus de la même manière, fi
nous avions la conviction intime qu'elle
ne peut germer, s'élever, fubfifter, que
dans des efpaces & des temps à jamais
étrangers à notre imagination même. Il
faut, pour ainfi dire, que le vague de
l'avenir foit encore de notre patrie, afin
que nous puiffions reffentir cet amour inquiet d'une longue célébrité, & ce mouvement ardent vers les grandes chofes qui
en eft l'effet falutaire.

On fe trompe donc, je le penfe, lorfqu'on accufe les opinions religieufes de
nous dégoûter néceffairement des affaires
& des plaifirs du monde : ce font, au
contraire, ces opinions : ce font les idées
d'infini, qu'elles préfentent à notre efprit,
qui fervent à foutenir l'enchaînement ingénieux d'efpérances & de devoirs, dont

notre bonheur moral, fur la terre, eft artif-
tement compofé.

Les opinions religieufes font parfaitement afforties à notre nature, & elles fe
lient également à nos foibleffes & à nos
perfeétions ; elles viennent nous fecourir,
& dans nos peines réelles, & dans celles
que l'abus de notre prévoyance nous fuf-
cite. Mais il eft temps de le dire, c'eft
fur-tout avec ce que nous avons de grand
& d'élevé qu'elles fympatifent : oui, fi les
hommes font animés par de hautes penfées ; s'ils refpeétent cette intelligence dont
ils font ornés ; s'ils prennent intérêt à la
dignité de leur nature, ils iront, avec tranfport, au-devant de l'idée religieufe qui
ennoblit leurs facultés, qui entretient le
courage de leur efprit, & qui les unit,
par le fentiment, à celui dont la puiffance
étonne leur entendement. C'eft alors que,
fe confidérant comme une émanation de
l'Être infini, le premier commencement de
toutes chofes, ils ne fe laifferont point entraîner par une philofophie, dont les triftes

leçons tendent à nous perſuader que la
raiſon, l'eſprit, la liberté, toute cette eſ-
ſence ſpirituelle de nous-mêmes, eſt le
ſimple réſultat d'une combinaiſon fortuite,
& d'une harmonie ſans intelligence.

On n'a peut-être jamais obſervé, d'une
manière aſſez particulière, tous les genres
de bonheur qui ſeroient détruits, ou du
moins ſenſiblement affoiblis, ſi l'on parvenoit à propager cette décourageante doctrine.

Que deviendroit d'abord le plus beau,
le plus noble d'entre tous les ſentimens des
hommes, celui de l'admiration, ſi le ſpectacle de l'univers, loin de nous ramener
à l'idée d'un Être ſuprême, ne nous retra-
çoit qu'une vaſte exiſtence, mais ſans deſſein, ſans cauſe & ſans deſtination, &
ſi l'étonnement de notre eſprit n'étoit lui-
même qu'un des accidens ſpontanés d'une
aveugle matière ?

Que deviendroit le plaiſir que nous trouvons dans le développement, l'exercice
& le progrès de nos facultés, ſi cette

L 3

intelligence, dont nous aimons à nous glo-
rifier, n'étoit qu'un jet du hasard ; si chacune de nos idées n'étoit qu'une simple
obéissance aux loix éternelles du mouvement; si notre liberté n'étoit qu'une fiction,
& si nous n'avions, pour ainsi dire, aucune
possession de nous-mêmes ?

Que deviendroit encore cet actif sentiment de curiosité, dont le charme nous
excite à observer sans cesse les prodiges
dont nous sommes environnés, & qui nous
inspire en même temps le desir de pénétrer
de quelque manière dans le mystère de
notre existence & dans le secret de notre
origine ? Certes, il nous importeroit peu
d'étudier la marche de la nature, si cette
science ne devoit nous apprendre que les
détails affligeans de notre mécanique esclavage : un prisonnier peut-il se plaire à
dessiner la forme de ses fers, ou à compter
les anneaux de ses chaînes ?

Mais que le monde est beau, quand
il se présente à nous comme le résultat
d'une seule & grande pensée, & quand

nous trouvons par‑tout l'empreinte d'une intelligence éternelle ! Et qu'il est doux alors de vivre d'étonnement & d'admiration !

Mais que les dons de l'esprit sont un sujet de gloire , quand l'homme peut les considérer comme une participation à une nature sublime , dont Dieu seul est le parfait modèle ! Et qu'il est doux alors de céder à l'ambition , de s'élever encore davantage , en exerçant sa pensée , & en perfectionnant toutes ses facultés !

Enfin, que l'observation de la nature a de charmes , lorsqu'à chaque découverte nouvelle, l'on croit faire un pas de plus vers la connoissance de cette haute sagesse qui a réglé l'univers, & qui en maintient l'harmonie ! C'est alors, & alors seulement, que l'étude est d'un intérêt véritable , & que le progrès des lumières devient un accroissement de bonheur. Oui, sous l'empire du matérialisme , tout est languissant dans notre curiosité, tout est instinct dans notre admiration, tout est fictif dans le sentiment que nous

L 4

avons de nous-mêmes : mais , avec l'idée
d'un Dieu , tout eſt vivant , tout eſt rai-
ſonné , tout eſt véritable ; enfin , cette idée
heureuſe & féconde paroît auſſi néceſſaire
à la nature morale de l'homme , que le
feu l'eſt aux plantes & à toutes les végé-
tations de la terre.

On trouvera peut-être, qu'en examinant
l'influence des idées religieuſes ſur le bonheur , j'ai arrêté l'attention ſur pluſieurs
conſidérations , qui ne ſont pas d'une égale
importance pour tous les hommes ; il en
eſt quelques - unes , en effet , plus particuliérement adaptées à cette partie de la
ſociété , dont l'eſprit eſt perfectionné par
l'éducation : mais il s'en faut bien que je
veuille diſtraire un moment mes regards
de la claſſe nombreuſe des habitans de la
terre , dont le bonheur & le malheur tiennent à des idées ſimples & proportionnées
à l'étendue bornée de ſes intérêts & de ſes
penſées.

Les hommes qui ſemblent avoir un beſoin

plus inftant & plus continuel de l'affiftance
des idées religieufes, ce font ceux que l'infortune de leurs parens laiffent au milieu
de nous, dépourvus de toute efpèce de
propriétés, & privés encore des reffources
qui dépendent de l'inftruction. Cette claffe
d'hommes, condamnée à des travaux grof-
fiers, eft comme refferrée dans les fentiers
d'une vie pénible & monotone, où chaque
jour reffemble à la veille, où nulle attente
confufe, où nulle illufion flatteufe ne peut
les diftraire : ils favent qu'il y a un mur de
féparation entre eux & la fortune ; & s'ils
portent leurs regards dans l'avenir, ils ne
découvrent que l'état miférable où les ré-
duira quelque infirmité ; ils n'apperçoivent
que la déplorable fituation où ils feront expofés par le cruel abandon qui accompa-
gnera leur vieilleffe. Avec quel tranfport,
dans cette pofition, ne doivent - ils pas
faifir la douce efpérance que les opinions
religieufes leur préfentent ! Avec quelle
fatisfaction ne doivent - ils pas apprendre,
qu'après ce paffage de la vie, où tant de

disproportions les accablent, il y aura un
temps de rapprochement & d'égalité !
Qu'ils seroient à plaindre, s'ils devoient
renoncer à un sentiment qui se transforme
encore, pour eux, dans une idée générale, la seule qu'ils puissent concevoir avec
facilité & appliquer avec convenance, la
seule enfin, dont ils font usage dans tous
les événemens & dans toutes les circonstances ! Dieu le veut, se disent-ils à eux-
mêmes, & cette première pensée entretient
leur résignation : Dieu vous récompensera,
Dieu vous le rendra, disent-ils aux autres,
quand ils en reçoivent des bienfaits ; &
ces paroles leur rappellent que le Dieu des
riches & des puissans est aussi le leur, &
que loin d'être indifférent à leur sort, il
daigne se charger de leur reconnoissance.
Combien d'autres expressions populaires
ramènent sans cesse aux mêmes sentimens
de confiance & de consolation ! Ce sont
ces rapports continuels du pauvre avec la
divinité, qui le relèvent à ses propres yeux,
qui l'empêchent de succomber entièrement

fous le poids des mépris dont on l'accable,
& qui lui donnent quelquefois le courage de
réfifter à l'orgueil des fuperbes. Ah! quels
effets plus grands pourroient être produits
par une idée plus fimple! Auffi, entre les
divers caractères dont les opinions religieufes font revêtues, je leur remarque fur-
tout celui-ci, qui femble plus particuliérement le fceau d'une main divine; c'eft que
l'avantage moral dont elles font la fource,
femblable aux grands bienfaits de la nature
phyfique, appartient également à tous les
hommes; & comme le foleil, dans la diftribution de fes rayons, n'obferve, ni les
rangs, ni la fortune, de même ces idées
confolantes, qui tiennent à la conception
d'un Être fuprême, & à toutes les efpérances qui s'y réuniffent, deviennent la
propriété du pauvre comme du riche, du
foible comme du puiffant, & l'on en peut
jouir fous l'humble toit d'une chaumière,
comme au milieu des palais élevés par l'orgueil ou la magnificence. Ce font les loix
civiles qui accroiffent, ou qui confacrent

l'inégalité de tous les partages, & ce font les idées religieufes qui adouciffent l'amertume de cette dure difproportion.

On ne pourroit fe défendre d'une jufte compaffion, fi, en confidérant attentivement le fort du plus grand nombre des hommes, on les fuppofoit tout-à-coup privés de la feule penfée qui entretient leur courage ; ils n'auroient plus un Dieu pour confident de leurs peines ; ils n'iroient plus, aux pieds de fes autels, chercher un fentiment de paix & de tranquillité ; ils n'auroient plus de motifs pour élever leurs regards vers le Ciel, & leurs yeux inclinés fe fixeroient, pour toujours, fur cette terre de douleur, de mort & d'éternel filence. Alors, le défefpoir étoufferoit jufqu'à leurs gémiffemens ; alors toutes leurs réflexions fe retournant, pour ainfi dire, contre eux-mêmes, ne ferviroient plus qu'à les déchirer ; alors ces larmes, qu'ils fe plaifent à répandre, & qui font attirées par la douce perfuafion qu'il exifte quelque part une commifération & une bonté ; ces larmes

consolatrices ne couleroient plus de leurs
yeux. Qui de nous n'a pas vu quelquefois
ces vieux soldats qui, à toutes les heures
du jour, sont prosternés çà & là sur les
marbres du temple élevé au milieu de leur
auguste retraite ? Leurs cheveux, que le
temps a blanchis ; leur front, que la guerre
a cicatrisé ; ce tremblement, que l'âge seul
a pu leur imprimer, tout en eux inspire
d'abord le respect : mais de quel sentiment
n'est-on pas ému, lorsqu'on les voit sou-
lever & joindre, avec effort, leurs mains
défaillantes, pour invoquer le Dieu de l'univers, & celui de leur cœur & de leur pensée ; lorsqu'on leur voit oublier, dans cette
touchante dévotion, & leurs douleurs présentes, & leurs peines passées ; lorsqu'on
les voit se lever avec un visage plus serein,
& emporter dans leur ame un sentiment
de tranquillité & d'espérance ! Ah ! ne les
plaignez point dans cet instant, vous qui
ne jugez du bonheur que par les joies du
monde ; leurs traits sont abattus, leur corps
chancelle, & la mort observe leurs pas :

mais cette fin inévitable, dont la seule image vous effraie, ils la voient venir sans alarme; ils se sont approchés, par le sentiment, de celui qui est bon, de celui qui peut tout, de celui qu'on n'a jamais aimé sans consolation. Venez contempler ce spectacle, vous qui méprisez les opinions religieuses, & qui vous dites supérieurs en lumières; venez, & voyez vous-mêmes ce que peut valoir, pour le bonheur, votre prétendue science : ah! changez donc le sort des hommes, & donnez-leur à tous, si vous le pouvez, quelque part aux délices de la terre, ou respectez un sentiment qui leur sert à repousser les injures de la fortune; &, puisque la politique des tyrans n'a jamais essayé de le détruire, puisque leur pouvoir ne seroit pas assez grand pour réussir dans cette farouche entreprise, vous, que la nature a mieux doués, ne soyez ni plus durs, ni plus terribles qu'eux; ou si, par une impitoyable doctrine, vous vouliez enlever aux vieillards, aux malades & aux indigens, la seule idée de bonheur à laquelle ils peuvent se prendre, parcourez aussi ces prisons & ces souterrains, où des malheureux se débattent dans leurs fers, & fermez, de vos propres mains, la seule ouverture qui laisse arriver jusques à eux quelques rayons de lumière.

CE n'est pas cependant une seule classe de la société, qui tire une habituelle assistance des idées & des opinions religieuses; c'est encore tous ceux qui ont à se plaindre des abus de l'autorité, des injustices du public, & des diverses contrariétés de leur destinée; c'est l'homme innocent que l'on condamne; c'est l'homme vertueux que l'on calomnie; c'est l'homme foible une fois, & que l'on blâme avec trop de rigueur; c'est tous ceux enfin, qui, sûrs de la pureté de leur conscience, recherchent pardessus tout un témoin intime de leurs intentions, & un juge éclairé de leur conduite.

L'homme d'un caractère élevé, & doué d'un cœur accessible à diverses impressions, éprouve aussi le besoin de se former l'image d'un Être inconnu, auquel il puiſſe unir toutes les idées de perfection dont ſon imagination eſt remplie ; c'eſt-là qu'il tranſporte les divers ſentimens, dont il n'a point d'uſage, au milieu de la corruption qui l'environne ; c'eſt-là qu'il peut retrouver un ſujet inépuiſable d'étonnement & d'admiration ; c'eſt-là qu'il peut renouveller & purifier ſes penſées, quand ſes regards ſont fatigués du ſpectacle des vices de la terre, & du retour habituel de nos mêmes paſſions. Enfin, à chaque inſtant l'heureuſe idée d'un Dieu adoucit, embellit ſur nos pas le chemin de la vie ; c'eſt par elle que nous nous aſſocions avec délices à toutes les beautés de la nature ; c'eſt par elle que tout ce qui vit, tout ce qui ſe meut, entre en communication avec nous : oui, le bruit des vents, le murmure des eaux, l'agitation paiſible des plantes, tout nous ſert d'entretien, tout attendrit notre ame, pourvu que nos penſées puiſſent s'élever à une cauſe univerſelle, pourvu que nous découvrions par-tout l'ouvrage de celui que nous aimons, pourvu que nous puiſſions diſtinguer les

veſtiges

vestiges de sa marche & les traces de ses intentions, pourvu que nous croyions assister
au spectacle de sa puissance, & aux magni-
ficences de sa bonté.

Mais c'est principalement sur les jouissances de l'amitié, que la piété répand un
nouveau charme ; les bornes, les limites ne
peuvent s'accorder avec le sentiment ; infini
comme la pensée, il ne pourroit subsister, il
ne pourroit du moins se défendre d'une continuelle inquiétude, si des opinions bienfaisantes agrandissant pour nous l'avenir, ne
nous permettoient pas de considérer sans
épouvante, la révolution des années & la
course rapide du temps : aussi, quand la
mélancolie nous livre à une douce émotion,
quand elle se change pour nous en plaisir,
c'est qu'aux momens où nous nous trouvons
séparés des objets de notre affection, une
méditation solitaire les replace au-devant
de nous, à l'aide des idées générales de
bonheur, qui, plus ou moins confusément,
terminent au loin notre vue. Ah ! que vous
avez sur-tout besoin de ces précieuses opi-

M

nions, vous qui, timides au milieu du
monde, ou découragés par le malheur,
vous trouvez comme isolés sur la terre,
parce que vous ne partagez point les paſſions
qui agitent la plupart des hommes! il vous
faut un ami, & vous ne voyez par-tout que
des aſſociés de fortune : il vous faut un
conſolateur, & vous ne voyez que des ambitieux, étrangers à tout ce qui n'eſt pas le
crédit ou la puiſſance : il vous faut au moins
un confident ſenſible, & le mouvement de
la ſociété diſperſe toutes les affections, &
atténue tous les intérêts : enfin, quand vous
l'avez, cet ami, ce confident, ce conſolateur ; quand vous l'acquérez par les liens
de la plus tendre union ; quand vous vivez
dans un fils, dans un époux, dans une
femme chérie, quelle autre idée que celle
d'un Dieu, peut venir à votre ſecours, lorſque l'affreuſe image d'une ſéparation ſe
préſente de loin à votre penſée ? Ah ! qu'en
de pareils inſtans on embraſſe avec tranſport
toutes les opinions qui nous entretiennent
de continuité & de durée ! Qu'on aime

alors à prêter l'oreille à ces paroles de confolation, qui s'allient fi parfaitement avec
les defirs & les befoins de notre ame !
Quelle effrayante affociation que celle du
néant éternel & de l'amour ! Comment unir
à ce doux partage d'intérêts & de penfées,
à ce charme de tous les jours & de tous les
inftans, à cette vie enfin la plus forte de
toutes ; comment unir à tant d'exiftence &
de bonheur, la perfuafion intime & l'image
habituelle d'une mort fans efpoir, & d'une
deftruction fans retour ? Comment offrir
feulement l'idée de l'oubli à ces ames
aimantes, qui ont placé tout leur amour-
propre & toute leur ambition dans l'objet
de leur eftime & de leur tendreffe, & qui,
après avoir renoncé à elles-mêmes, fe font
comme dépofées en entier dans un autre
fein, pour y fubfifter du même fouffle
de vie & de la même deftinée ? Enfin,
près du tombeau que peut-être elles arro-
feront un jour de leurs larmes, comment
leur prononcer ces mots accablans, ces mots
terribles, *pour jamais, pour toujours !* Q

abyme des abymes & pour l'esprit & pour
le sentiment ; qu'un nuage bienfaisant vienne
couvrir du moins vos sombres profondeurs,
s'il faut que la pensée de l'homme sensible
s'approche un moment des bords effrayans
qui vous environnent ! Les larmes, les
regrets, ont encore quelque douceur,
quand on les donne à une ombre chérie,
quand vous pouvez mêler à vos douleurs
le nom d'un Dieu, & quand ce nom vous
paroît comme le ralliement de toute la
nature : mais si, dans l'univers, tout étoit
sourd à votre voix ; si nul retentissement ne
faisoit entendre vos plaintes ; si d'éternelles
ombres avoient fait disparoître l'objet de
votre amour, & si elles s'avançoient pour
vous entraîner dans la même nuit ; si le
plus malheureux, celui qui tient encore en
ses mains l'une des extrémités de cette trame
d'union & de félicité que la mort a rompue,
ne pouvoit plus la rattacher en espérance ;
si, rempli tout entier du souvenir d'une idole
chérie, il ne pouvoit plus dire : elle est en
quelque lieu ; s'il ne pouvoit plus dire :

fon cœur qui fut aimer, fon ame pure &
célefte m'attend, m'appelle peut-être auprès
de cet Être inconnu que nous avons adoré
d'un commun penchant; & fi, au lieu d'une
fi précieufe penfée, il falloit, fans aucun
doute, fans aucune incertitude, confidérer
la terre comme un fépulcre à jamais fermé....
Mon cœur fuccombe, & je ne faurois
continuer; il n'eft point de force, il n'eft
point de foutien contre de femblables
images; c'eft la nature entière qui femble
fe disjoindre, c'eft l'univers qui paroît fe
diffoudre & vous accabler de fes débris. O
fource de tant d'efpérances, fublime idée
d'un Dieu! n'abandonnez pas l'homme fenfible; vous êtes tout fon courage, vous
êtes fon avenir, vous êtes fa vie; ne
l'abandonnez point, & défendez-le fur-tout
de l'afcendant d'une aride & funefte philofophie, qui viendroit affliger fon cœur en
feignant de le fecourir. Eh bien, je fais
un effort, & je m'adreffe à vous, qui vous
dites éclairés par une nouvelle fageffe. Je
fuis accablé de la plus profonde douleur;

M 3

un père, une mère, qui faifoient mon appui,
qui me guidoient par leurs confeils, qui
m'environnoient de leur tendreffe , ces
parens tutélaires viennent de m'être enlevés;
un fils, une fille, l'un & l'autre ma gloire &
ma confolation , ont été moiffonnés près
de moi ; une époufe , une compagne fidelle,
dont toutes les paroles , toutes les actions,
tous les fentimens, tous les regards alimen-
toient ma vie, s'eft évanouie dans mes bras ;
il me refte un moment de force , je viens
à vous, philofophes; que me direz-vous ?
« Cherche des diftractions, porte ailleurs
» tes penfées; un abyme fans fin te fépare
» à jamais des objets de ta tendreffe ; & ces
» fouvenirs, ces regrets, qui te pénètrent
» de douleur , ne font qu'une forme de vé-
» gétation, un dernier jeu d'une matière or-
» ganique ». Ah ! vous avez aimé , & vous
pouvez prononcer tranquillement ces impi-
toyables paroles ! Eloignez de moi vos
fecours , je les redoute plus que mes peines.
Et toi, fille du Ciel , aimable & douce religion, que me diras-tu ? « Efpère, efpère ; un

» Dieu t'a tout donné, te peut encore tout
» rendre ». Ah! quelle différence entre ces
deux langages! Que l'un nous avilit, que
l'autre nous élève! Que l'un offense avec
dureté nos sentimens les plus chers; que
l'autre s'allie avec douceur à toutes les idées
dont nous avons composé notre bonheur!
C'est aux hommes à choisir entre leurs divers guides; ou plutôt c'est à eux à juger s'ils
aiment mieux les ténèbres que la lumière,
& la mort que la vie; c'est à eux à voir
s'ils préfèrent les vents desséchans à la rosée
bienfaisante, les glaces de l'hiver au charme
du printemps, & la pierre insensible aux
dons les plus brillans de la nature animée.

Je le dirai: le monde, sans l'idée d'un
Dieu, ne seroit plus qu'un désert, embelli
par quelques prestiges; & l'homme désen-
chanté par les lumières de la raison, ne
trouveroit par-tout que des sujets de tris-
tesse. Je les ai vu, ces vaines grandeurs,
ces songes de l'ambition, ces séductions de
la gloire; & dans les plus beaux jours de
mes illusions, mon cœur s'est toujours retiré

M 4

vers une idée plus grande, vers une confolation plus réelle ; j'ai éprouvé que le fentiment de l'exiftence d'un Être fuprême
s'appliquoit avec charme à toutes les circonftances de la vie ; j'ai trouvé que ce
fentiment pouvoit feul infpirer aux hommes
une véritable dignité : car c'eft peu de chofe
que tout ce qui eft purement perfonnel,
que tout ce qui range les uns à quelques
lignes au-deffus des autres ; il faut, pour
avoir quelque droit à s'enorgueillir, élever
avec foi la nature humaine ; il faut la placer
en regard de cette fublime intelligence,
qui femble l'avoir honorée de quelques-uns
de fes attributs ; c'eft alors qu'on apperçoit
à peine toutes ces petites diftinctions qui
s'attachent à notre fuperficie, & fur lef-
quelles la vanité exerce fon empire ; c'eft
alors qu'on laiffe à cette reine du monde fes
hochets & fes prétentions, & qu'on cherche
ailleurs une autre fortune ; & c'eft alors auffi
que les vertus, les hauts fentimens, les
grandes penfées, paroiffent la feule gloire
dont l'homme doive être jaloux.

CHAPITRE VI.

Continuation du Chapitre précédent. Influence de la vertu sur le bonheur.

CE n'est point assez d'avoir montré que les opinions religieuses, si nécessaires aux ames sensibles, sympatisent parfaitement avec la nature morale de l'homme ; il faut encore faire connoître que l'exercice habituel de la vertu, ce devoir commandé par-tout au nom d'un Dieu, n'est pas en opposition avec le bonheur ; &, après m'être arrêté sur une vérité si importante, je prouverai qu'elle ne contrarie point ce qu'on a dit dans le premier Chapitre de cet Ouvrage, sur l'impossibilité de lier les hommes à l'ordre public par le seul motif de leur intérêt personnel.

On ne peut le dissimuler, la vertu nous oblige souvent à triompher de nos goûts, & à lutter, avec courage, contre les efforts de nos passions ; mais si de pareils combats,

& la victoire qui les accompagne, nous conduifoient à des fatisfactions plus fûres & plus durables que celles dont le vice & fes foibleffes nous préfentent l'image ; ce feroit mal juger des loix de la morale, que d'y réunir fans ceffe l'idée d'une privation & d'un facrifice.

On ne peut fixer fon attention fur les divers objets d'ambition qui occupent la penfée de l'homme, fans reconnoître diftinctement que, s'il s'abandonnoit fans mefure & fans contrainte à tous fes defirs, il s'éloigneroit le plus fouvent de cet état de bonheur qui forme l'objet de fes vœux. Aucun des biens femés çà & là, fur notre route, ne peuvent remplir l'efpace de la vie. Sont - ce les plaifirs des fens qui nous captivent ? Leur durée eft fixée par notre foibleffe, & nous ne faurions franchir les limites immuables appofées par la nature. Sont-ce les biens d'opinion que nous recherchons, tels que les honneurs & la louange, ou l'éclat extérieur que la fortune donne ? Nous appercevons bien vîte qu'après les avoir

obtenus, leur charme se dissipe ; ils res-
semblent au Prothée de la Fable, qui ne
paroissoit un Dieu que dans l'éloignement.
Les hommes ont donc plus besoin qu'on
ne pense, d'un intérêt indépendant de leurs
sens & de leur imagination ; & cet intérêt,
nous le trouvons dans les devoirs que la
morale nous enseigne, & dont elle nous
fait une loi.

C'est à tous les instans, c'est dans tous
les états, c'est dans toutes les circonstances,
que nous avons à choisir entre le bien &
le mal : ainsi, la vertu peut être sans cesse
agissante, & l'on en trouve l'application
jusques dans les relations de la vie les plus
indifférentes en apparence, parce qu'elle
jouit seule du précieux avantage de rapporter les plus petites choses à une grande
idée, & que seule aussi, elle peut être
encouragée, sans cesse, par ce sentiment
de la conscience, qui, en accompagnant
toutes nos actions & toutes nos pensées,
semble augmenter notre existence, & nous
procure des satisfactions ignorées de tous

ceux qui ne reſpeⷨ́tent, ni ne connoiſſent aucune ſorte de principes.

Le goût des plaiſirs, les deſirs de la vanité, les vœux de l'ambition, ſont autant de paſſions qui s'éteindroient en peu de temps, ſi elles n'étoient pas entretenues par ce mouvement continuel de la ſociété, qui amène de nouvelles ſcènes, & déploie, à chaque inſtant, quelques changemens de décoration. La vertu, ſatisfaite de ſa perſpeⷨ́tive, n'a beſoin que d'une ſucceſſion des mêmes ſentimens; ſes routes ſont variées, mais ſon but ne change jamais.

On ne peut chercher ſes jouiſſances dans les biens de l'opinion, ſans admettre les autres à la légiſlation de ſon bonheur; & il en réſulte une diſcorde, qui laiſſe l'homme en proie à toutes ſortes d'agitations. La vertu n'aſſocie perſonne à ſes conſeils : elle peut juger par elle-même de tout ce qui eſt bon; &, ſous ce rapport, on doit conſidérer l'homme vertueux, comme le plus indépendant de tous les êtres, puiſque c'eſt de lui ſeul qu'il reçoit des commandemens,

& qu'il attend une approbation. Oui, l'homme obſcur, ignoré, qui fait le bien en ſecret, eſt plus maître de ſa deſtinée, que ne ſauroit jamais l'être celui qui ſemble comblé de toutes les faveurs de la fortune, & qui a beſoin ſouvent, pour en jouir, que la mode & des conventions paſſagères viennent déterminer ſes goûts, & donner des loix à ſes vanités.

Les petites paſſions du monde, pour eſſayer de nous rendre heureux, nous mènent d'illuſions en illuſions; & le dernier terme paroît toujours à quelque diſtance. La vertu, bien différente, a ſa récompenſe près d'elle: car, ce n'eſt pas dans l'événement, ce n'eſt pas dans un ſuccès incertain qu'elle place nos contentemens; c'eſt dans notre réſolution même, c'eſt dans le calme qui l'accompagne, c'eſt dans le ſentiment intérieur qui la précède. Les ſouvenirs encore compoſent une des principales ſatisfaƈtions de la vertu; au lieu qu'ils ſont la douleur des vanités mondaines, parce qu'ils repréſentent ce qui n'eſt plus, & que pour la plupart des paſ-

fions, le paffé n'eft qu'une ombre ténébreufe, d'où fortent de temps à autre les
remords & les regrets.

Les intervalles qui féparent les divers
élans des grandes paffions, font prefque
toujours remplis par la trifteffe & l'ennui;
il eft dans la nature, que les émotions actives
& irritantes jettent de la langueur fur tous les
momens où ces agitations font fufpendues.
La vertu, dans la jouiffance des plaifirs qui
lui appartiennent, ne connoît point ces mouvemens irréguliers, parce que tous fes principes font affermis, & qu'elle agit toujours
autour de fon centre; c'eft d'ailleurs à fentir
le prix du bonheur le plus à notre portée,
qu'elle nous invite fans ceffe; elle dicte fes
premières loix au fein de la vie domeftique;
& c'eft à foutenir, par les liens du devoir,
nos affections les plus fimples & les plus rai-
fonnables, qu'elle emploie toutes fes forces.

La vertu rend encore un grand fervice
aux hommes, en les délivrant des tourmens
de l'indécifion; elle leur préfente un fyftême
général de conduite; elle marque par-tout

des points fixes pour leur fervir de direction;
elle nous dit à chaque inftant : voilà ce qu'il
faut aimer, ce qu'il faut choifir, ce qu'il
faut faire. Auffi, tandis que les hommes,
entraînés par leur imagination, croient continuellement qu'ils fe font trompés de fan-
tômes, & prêtent les plus belles couleurs
à celui qui vient de leur échapper, la vertu
ne met du prix qu'à ce qu'elle poffède, &
ne connoît point les regrets. Il fembleroit,
au premier coup-d'œil, que les defirs & les
caprices de l'imagination ne peuvent s'accorder avec aucune efpèce de gêne : cependant il n'eft pas moins vrai que ces légers
avant-coureurs de nos volontés ont befoin
d'un guide, & fouvent d'un maître ; nos
premiers goûts, nos premiers fentimens ne
font fouvent qu'incertitude, foibleffe &
vacillation ; il importe à notre bonheur que
la tige de ces frémiffemens foit fixée & raf-
fermie : & tel eft le fervice que la vertu
rend à l'efprit de l'homme.

On ne voit point non plus d'uniformité
dans la conduite de ceux qui ne connoiffent

aucun devoir ; ils ont trop de chofes à
régler , ils ont trop de chofes à décider à
chaque inftant, lorfque leur convenance eft
le feul guide auquel ils s'abandonnent : il
faut , pour fimplifier l'adminiftration de
nous-mêmes , en foumettre une partie à la
domination d'un principe , qui s'applique
fans peine à la plupart de nos délibérations.

Enfin , la vertu a ce grand avantage ,
qu'elle trouve fon bonheur dans une forte
de refpect pour les droits & les prétentions
des divers membres de la fociété , & que
tous fes fentimens femblent s'unir à l'harmonie générale. Les paffions, au contraire,
font prefque toujours hoftiles; l'homme vain
defire que les autres ne fervent qu'à fes
triomphes ; l'orgueilleux veut qu'ils fentent
leur infériorité ; l'ambitieux, qu'ils s'écartent
de fa route ; l'impérieux, qu'ils fléchiffent :
il en eft de même de ces différentes rivalités
qui naiffent d'un amour exceffif de la
louange , de la gloire & de la fortune; chacun , dans le fentier qu'il a choifi , voudroit
ou paffer feul, ou devancer tout le monde ,

&

& chacun occupé de son intérêt , heurte inconsidérément celui des autres. La vertu, bien différente , ne craint , en suivant sa route, ni les concurrens , ni les rivaux ; les voies qui mènent à son but sont larges & spacieuses , & chacun peut y marcher sans faire ombrage à personne : c'est une belle alliance que celle dont la morale est le nœud ; tous ceux qui la contractent , rapprochés par le même esprit , les mêmes motifs & les mêmes espérances , semblent tenir en commun , à cette chaîne de devoirs & de sentimens , qui unit les vertus des hommes au modèle idéal de toutes les perfections.

La vertu , qui nous garantit des pièges de nos sens ; la vertu , qui met un frein à nos aveugles desirs , est encore le fondement d'une précieuse sagesse ; ce ne sont pas , à la vérité , nos intérêts d'un jour , nos plaisirs d'un moment , qu'elle protège, c'est l'ensemble de toute une vie , qu'elle prend sous sa sauve-garde : elle est , pour ainsi dire , le défenseur de l'avenir , le

N

repréſentant de la durée , & devient , pour
le ſentiment , ce qu'eſt la prévoyance pour
l'eſprit. On doit donc , ſous le rapport des
mœurs perſonnelles , conſidérer la vertu
comme un ami prudent , inſtruit par l'expérience de tous les âges , & qui , ſuivant
par-tout nos pas , ne laiſſe jamais vaciller
dans ſes mains , le flambeau dont la lumière
ſalutaire doit éclairer notre marche. Nos
paſſions , en tumulte , ſe diſputent à l'envi
l'honneur de nous gouverner ſans partage :
il faut un maître qui aſſigne à chacune ſa
limite ; il en faut un qui mette en paix
tous ces petits tyrans domeſtiques , & qui
nous retrace l'image d'Ulyſſe , arrivant
tout-à-coup au milieu des cent rois , qui
s'étoient emparés de ſon palais.

La vertu , dira - t - on , ſévère dans ſes
jugemens , auſtère dans ſes formes , ne
peut-elle pas nous priver du plus grand
des bonheurs , du plaiſir d'être aimé ? Je
réponds que la vertu , dans ſa perfection ,
n'a point ces caractères ; je me la repré-
ſente comme un juſte ſentiment de l'ordre ,

comme une première harmonie qui, bien loin de nous éloigner de toutes les autres convenances, devroit, au contraire, nous en rapprocher : ainsi, la bonté, l'indulgence, qui s'accordent si bien avec la foiblesse humaine ; l'esprit social, qui répond si fort à notre nature ; l'aménité dans le discours & dans les manières, cette aimable expression d'un cœur qui cherche à s'unir aux autres ; toutes ces qualités, bien loin d'être étrangères à la véritable vertu, en font une des dépendances, & le plus bel ornement.

J'abrégerai ; car, dans une matière si vaste, il faut nécessairement faire un choix. La vertu s'allie à toutes les idées qui peuvent donner de l'étendue à notre esprit ; c'est que, de bonne heure, elle nous habitue à saisir des rapports, & à sacrifier souvent nos affections présentes à des considérations éloignées ; c'est qu'elle est de tous nos sentimens, celui qui porte notre existence au plus loin de nous, & qui, par conséquent, a le plus de ressemblance

N 2

avec la pensée. C'est donc par la vertu, que l'homme a l'entière connoissance de ses forces, & qu'il acquiert toute sa croissance. Le vice, au contraire, nous concentre dans le plus petit espace ; il semble avoir la conscience de sa difformité, & il craint tout ce qui l'environne ; il fait des efforts pour nous fixer sur un seul objet, sur un seul moment, & il voudroit pouvoir resserrer, en un point, toute notre existence.

Il faut que je l'ajoute encore ; la vertu, qui unit à un motif toutes nos actions, & qui dirige vers un but tous nos sentimens, habitue notre esprit à l'ordre & à la justesse des idées, & l'empêche d'errer dans un trop grand espace : aussi j'ai souvent pensé que ce n'étoit pas uniquement par ses vices, qu'un homme immoral est dangereux dans l'administration des affaires publiques ; on doit le craindre aussi, comme inhabile à saisir aucun ensemble, comme incapable de se rallier à aucun principe général : toute espèce d'harmonie lui est inconnue, toute forte de règle lui devient à charge; il agit, & ne peut agir que par secousses; & ce n'est qu'en sa qualité d'homme versatil, qu'il rencontre quelquefois le bien.

On peut donc dire, avec vérité, que la morale sert de lest à nos idées; c'est avec son secours que nous pouvons faire route sans être agités par tous les caprices de notre imagination, & sans être obligés de nous détourner à la première apparence d'un obstacle.

La vertu, qui donne à l'esprit de la suite & de l'étendue, prépare aussi le caractère à la grandeur, qu'il lui sied si bien de revêtir. De toutes les qualités des hommes, la plus rare & la plus imposante, c'est l'élévation dans les pensées, dans les sentimens & dans les manières; accord majestueux que la vérité seule peut entretenir, & que la moindre exagération, le plus petit dehors affecté, dérange & fait disparoître. L'élévation ne ressemble point à l'orgueil, encore moins à la vanité; car une de ses beautés, est de n'être jamais à la recherche

N 3

des hommages des autres : l'homme doué
d'une véritable élévation, se place au-dessus
même de ses juges ; il ne compte qu'avec
lui-même ; il vit sous l'empire de sa conscience ; & fier de la dignité d'un tel maître,
il ne veut point d'autre dépendance : mais,
comme une semblable grandeur est toute
au-dedans de nous-mêmes, comme elle
cesse d'exister, quand nous voulons la rendre relative, en marquant aux autres ce
que nous attendons d'eux, elle ne peut
être contenue dans ses justes limites, que
par la vertu la plus simple, & la moins
éblouie d'elle-même.

C'est encore aux mêmes principes, que
l'homme doit ce noble respect pour la
vérité, le plus bel ornement d'une grande
ame ; il leur doit aussi cette simplicité dans
le discours & dans les pensées, heureuse habitude d'une conscience qui n'a pas besoin
de se surveiller. L'homme essentiellement
honnête, considère le déguisement comme
son détracteur ; car, ce qui lui convient pardessus tout, c'est de se montrer tel qu'il

est ; il n'a pas même d'intérêt à cacher ses foiblesses ; car, dans un cœur généreux, elles tiennent presque toujours à quelque chose de bien ; & peut-être que la franchise seroit devenue la politique de son esprit, si elle n'eût pas été l'une des qualités de son caractère.

Il y a, dans toutes les vertus, une sorte de beauté qui nous charme sans réflexion : notre sens moral, quand il est perfectionné par l'éducation, se complaît dans cette harmonie sociale, dont les sentimens de justice & de loyauté assurent le maintien. Ces jouissances sont inconnues des hommes, que leur personnalité rend insensibles à toute espèce d'accord, & ils me paroissent sur-tout méprisables en un point essentiel ; c'est qu'ils profitent du respect que les autres ont pour les loix d'ordre, sans vouloir s'assujettir aux mêmes règles, & sans déclarer publiquement leurs intentions : il me semble que, sous un pareil rapport, le défaut de morale est une véritable violation d'asyle.

Enfin, le talent, cette faculté de l'esprit,

N 4

qui appartient plus immédiatement à la
nature , ne peut jamais s'appliquer aux
grandes chofes, fans le fecours de la morale ; il n'a point d'autre moyen pour s'unir
aux intérêts de tous les hommes ; il n'en a
point d'autre pour atteindre, d'une manière
univerfelle, à leur amour & à leur refpect.
L'honnêteté reffemble à ces anciens idio-
mes , qu'il faut favoir parler , quand on
veut être entendu de la multitude ; & jamais on n'en a bien le langage, fans une
pratique habituelle. L'efprit fuffit quelquefois pour acquérir de l'afcendant dans les
relations circonfcrites : on y prend les hommes un à un ; & fouvent on parvient à les
gagner, en étudiant leur caractère , & en
fe proportionnant à leur hauteur : mais fur
un vafte théâtre , & principalement dans
l'adminiftration publique , où l'on a befoin
de captiver les hommes en maffe , il faut
chercher un lien qui les embraffe tous ; &
ce n'eft que par l'union des talens & de
la vertu, que cette chaîne peut être formée. Et , quand je vois l'hommage que

les nations fe plaifent à rendre à un beau
moral ; quand je remarque le jugement ,
prefque d'inftinct, qui les aide à le difcerner ; quand je les vois ne louer & n'aimer
que ce qu'ils peuvent rapporter à une grande
intention, & à une vertu pure , je reviens
à mon fentiment chéri , & je crois reconnoître , dans ces généreux mouvemens ,
l'empreinte d'une main divine.

APRÈS avoir effayé de donner une foible
idée des diverfes récompenfes , & des différentes fatisfactions qui femblent appartenir à la régularité des principes , & à
l'exactitude de la conduite , on demandera
peut - être fi l'on n'auroit pas le droit de
conclure de ces réflexions, que l'on peut
attacher les hommes à la morale , par le
feul motif de leur intérêt particulier ; j'ai
annoncé déjà que j'aurois à répondre à une
femblable objection, & il eft temps de le
faire.

La vertu dans fa perfection , la vertu telle
que nous venons de la préfenter , n'eft pas

l'ouvrage d'un moment ; il faut qu'elle
s'élève & se fortifie par degrés : mais elle
seroit arrêtée dès ses premiers développemens , si l'on détruisoit les opinions simples
qui lui servent d'éducation , si l'on renverfoit
le feul but qui peut être apperçu par tous
les efprits , & si l'on affoibliffoit les fentimens qui servent de ralliement , & à tous
ceux qui refpectent les loix de la morale ,
& à tous ceux qui excitent ce culte par
leur eftime & par leurs louanges.

Ce n'eft pas d'ailleurs la vertu feule ,
mais la vertu réunie à fes différens motifs ,
qui contribue à notre bonheur. Cette obfervation eft importante , & je puis en faire
fentir la vérité par un rapprochement fort
fimple. L'occupation eft généralement re-
connue comme la fource la plus réelle des
impreffions agréables dont nous fommes fufceptibles ; mais fon charme s'évanouiroit , fi
elle ne conduifoit pas à des récompenfes ,
fi elle ne nous montroit pas en perfpective
un accroiffement de fortune , une jouiffance
d'amour - propre , une chance de gloire ,

quelque avantage enfin dont nous avons
l'ambition. Vainement diroit-on que l'exercice de nos facultés est par lui-même un
plaisir; il en est un, parce qu'il offre à nos
regards une suite de points de vue qui se
succèdent : mais il faut toujours un motif
pour se mettre en route ; il faut un vent
qui pousse notre barque ; il faut enfin un
encouragement à toute espèce de travail ,
quoique ce travail , s'il est proportionné à
nos forces , soit plus conforme à notre bonheur que la mollesse & l'oisiveté ; & cette
vérité nous frapperoit davantage , si nous
avions le pouvoir d'analyser un sentiment
avec assez de finesse , pour distinguer clairement le bonheur qui appartient à l'action
de l'occupation , du bonheur qu'il faut
rapporter au but & au motif de cette action.

Les mêmes réflexions que je viens de
faire , s'appliquent à la vertu ; on peut bien ,
en étudiant ses différens effets , appercevoir
qu'elle est un excellent guide dans la carrière de la vie ; mais on découvre en
même temps qu'elle a besoin , comme

l'occupation, d'un encouragement simple &
à la portée de tous les entendemens : c'est
dans les idées religieuses que la vertu trouve
cet encouragement ; & l'on ne pourroit la
séparer de ses motifs & de ses espérances,
sans déranger toutes ses affinités avec le
bonheur des hommes.

J'apperçois aisément les grands services
que la morale est en état de nous rendre ;
mais je remarque, dans le même temps,
que pour suivre ses conseils avec confiance
& avec fermeté, il manque à la plupart de
nous, la science & la force de réflexion
qu'exige nécessairement l'étude d'une vérité
composée : nous avons donc besoin d'un
mobile qui nous détermine à un premier
effort, qui nous soumette à un premier sacrifice, & qui nous excite à lutter avec
courage contre l'empire du moment présent.

Enfin, lors même qu'avec l'art délié du
raisonnement, on parviendroit à jetter
quelque confusion sur les véritables principes
de l'ordre & du bonheur ; lors même qu'à
force d'adresse on parviendroit à nous tenir

en doute fur le genre & le degré de puiſſance qu'il faut aſſigner aux opinions religieuſes, ce ne ſeroit pas du moins les
légiſlateurs des nations qui devroient prêter
l'oreille à ces diſtinctions ſubtiles. La méta-
phyſique des ſentimens & des idées n'eſt
bonne, pour les hommes d'État, qu'en dé-
fenſive; elle les aide à ſe garantir eux-
mêmes de l'aſcendant des brillantes erreurs,
& elle les affermit dans le reſpect qu'ils
doivent aux vérités utiles: mais quand ils
auront à guider les eſprits; quand ils vou-
dront leur imprimer un mouvement, c'eſt
toujours, s'ils ſont ſages, aux idées les plus
ſimples qu'ils auront recours; & ils ſe gar-
deront bien de mépriſer ces principes uſuels,
dont le temps, encore plus que la ſcience,
a conſacré l'utilité. Ce ſont autant de leçons,
qu'une longue épreuve ſemble avoir dégagées ſucceſſivement, de tout ce qui étoit
étranger à la nature morale, & aux ſentimens intimes des hommes.

CHAPITRE VII.

Des opinions religieuses dans leurs rapports avec les souverains.

LA plupart des nations, ou par choix, ou par néceffité, ont dépofé leurs volontés entre les mains d'un feul ; & elles ont ainfi élevé un monument perpétuel à l'efprit de difcorde, d'injuftice & de défunion qui a régné fi fouvent parmi les hommes. Il eft vrai que de temps à autre, elles ont voulu fe fouvenir qu'elles étoient capables de connoître elles-mêmes leurs véritables intérêts ; mais le monarque, fe défiant de leur inconftance, avoit pris foin de fortifier les refforts de fa domination ; & en s'entourant d'une milice guerrière & difciplinée, il ne leur a plus laiffé le pouvoir de fe dégoûter de l'efclavage : il a eu des foldats avec des impôts, & des impôts avec des foldats ; & à l'aide de cette double action correfpondante, il eft devenu le maître de tout faire & de tout ordonner. Que de biens & de maux reposent entre ses mains ! Il faut donc lui desirer une morale vigoureuse & proportionnée à ses immenses devoirs : mais quelle force aura pour lui cette morale, si, n'appercevant derrière elle aucune sanction divine, il la considère comme une de ces règles humaines qu'il a le pouvoir de briser, & qu'il est dans l'habitude d'assouplir ou de modifier ? Tout au moins il aura la liberté, comme les autres hommes, d'examiner si ses intérêts particuliers s'accordent avec l'intérêt public ; & sa conduite dépendra du résultat de ses calculs.

Je conviendrai qu'au point d'élévation où le chef de l'empire se trouve placé, il ne doit pas connoître ces passions qui naissent de nos petites rivalités : mais combien d'autres sentimens n'a-t-il pas à réprimer ? & avec quelle célérité n'a-t-il pas besoin de le faire, puisque, n'éprouvant aucune résistance, il n'a pas, comme la plupart des hommes, un temps appliqué forcément au doute & à la réflexion ! D'ailleurs, les

souverains, à l'abri, par leur position, des
irritations de l'amour-propre & des defirs
de fortune & d'avancement, ne font pas
néanmoins dégagés de toutes les paffions
de ce genre ; c'eft envers les autres princes
qu'ils les reffentent & qu'ils les exercent ;
& leur efprit de jaloufie, d'ambition & de
vengeance, devient d'autant plus dangereux, qu'ils y affocient par la guerre toute
la nation qu'ils commandent. C'eft alors
qu'affranchis des liens religieux, & fûrs de
ne compter avec perfonne, ils trouveroient
la morale une fort bonne invention, pour
rendre plus facile le maintien de l'ordre
public, & pour entretenir la fubordination
qui affure leur pouvoir ; mais, eux-mêmes,
ils ne voudroient point de ce maître, & ils
fe difpenferoient de fléchir les premiers
devant fes loix.

On dira fans doute qu'en marchant dans
la carrière de la vertu, un roi feroit récom-
penfé par la louange des peuples : mais,
comme je l'ai montré, la puiffance de l'opinion publique s'affoibliroit infiniment, fi
les

les principes de morale, qui fervent de guide à cette opinion, n'avoient plus une idée religieufe pour lien & pour appui. On auroit d'ailleurs à faire obferver, que les éloges & les applaudiffemens, ces hommages fi encourageans pour les particuliers, n'ont pas un pouvoir égal fur les princes, qui, différens des hommes privés, ne peuvent pas confidérer ce fuffrage comme un gage ou un avant-coureur de leur fupériorité ; c'eft par le fpectacle continuel des avantages & des triomphes des autres, que le defir des égards & des diftinctions eft fans ceffe entretenu ; il tient peut-être un peu à la ftimulation de l'envie, ou du moins à ces chocs de prétentions, & à ces luttes d'amour-propre, dont la fociété feule eft le théâtre : les princes fans émules & fans rivaux autour d'eux, ne font point foumis aux mêmes impreffions ; & les flatteries dont on les abreuve de fi bonne heure, les acclamations qu'on leur adreffe par un fimple motif d'efpérance, tout fert à les rendre moins fenfibles aux applaudiffemens

O

mérités; enfin, l'exagération de ces louanges
leur prête bientôt une couleur monotone,
qui éteint, par son uniformité, l'intérêt &
l'émulation que des hommages justes &
proportionnés pourroient quelquefois inspirer. Il y auroit donc un grand danger à
se reposer tellement sur la puissance de
l'opinion publique, qu'on vînt à la considérer comme un frein capable de remplacer, auprès des princes, la force com-
primante de la morale religieuse.

Je dois faire encore une remarque essentielle : ceux qui environnent un souverain,
égarent souvent ses jugemens par la nature & l'application des éloges qu'ils lui
prodiguent. La louange des hommes, dans
une monarchie, a toujours une teinte de
servage : ainsi, dans un tel pays, un air,
un mot de la part du prince, qui semble
effacer, pour un instant, la distance qui le
sépare de ses sujets, ravit ces derniers d'une
tendre émotion; & leur enthousiasme, dans
ce moment-là, ne sert qu'à persuader au
monarque, qu'il lui suffit d'un sourire pour

rendre ſes peuples contens ; dangereuſe
illuſion , triſte effet de l'abattement de tous
les caractères : enſin , par une ſuite de l'eſprit qu'imprime un joug habituel , les hommes ſe plaiſent à élever la puiſſance de
celui auquel ils ſont forcés de ſe ſoumettre ;
ils aiment , pour ainſi dire , à voir multiplier leurs camarades d'obéiſſance ; & ,
comme ils n'ont , pour la plupart , aucun
accès auprès du prince , la vanité leur per-
ſuade qu'en affectant de partager la grandeur royale , ils contractent avec elle une
ſorte de familiarité : ainſi , ſans s'embar-
raſſer , ſans réfléchir ſi leur ſouverain ſera
plus habile à les rendre heureux , lorſqu'il
aura plus de ſujets , plus de provinces &
plus de devoirs , ils encenſent , pardeſſus
tout , le guerrier conquérant , & ils invitent
ainſi les princes à préférer la gloire des armes à toutes les autres ; & , comme cette
gloire eſt la plus facilement ſaiſie par la
multitude ; comme le gain d'une bataille
eſt l'idée la plus ſimple , la plus aiſément
conçue par les hommes de tout état & de

O 2

tout efprit, il arrive encore, par cette raifon, que les triomphes militaires font les
feuls univerfellement encenfés ; & que
même ils peuvent tout excufer, traités
rompus, fermens violés, alliances aban-
données. Enfin, tel eft le fol égarement
de nos louanges, que la tranquillité des
États, le repos des peuples, les douces
félicités de la paix, ne paroiffent plus le
dernier terme des travaux & des fuccès
d'un monarque ; & l'hiftoire elle-même ne
nous préfente fouvent ces temps fortunés,
que comme les jours obfcurs dans lefquels
fe font élevés, fe font préparés, fe font
fortifiés ces héros de fang & de carnage,
ces rois mécontens de leur deftinée, guer-
riers par ambition, heureux par la victoire,
& auxquels on veut que nous deftinions,
& nos premiers honneurs, & nos plus belles
couronnes.

C'eft ainfi cependant, que l'opinion
publique, c'eft ainfi que la voix de la renommée, peuvent quelquefois tromper les
princes, & fe trouver en contradiction avec

les inftructions de la morale, avec cette antique légiflation, qui veut toujours que le plus grand bien des peuples foit le premier objet d'inquiétude des fouverains, & qui ne leur ordonne pas d'obtenir la gloire la plus brillante & la plus célébrée, mais qui leur impofe tous les devoirs affortis à la fuperbe qualité de tuteurs & de protecteurs de la félicité publique; devoirs immenfes, & qu'on acquitte par les travaux fecrets d'une vigilance paternelle, encore plus qu'au bruit des tambours & des inftrumens de deftruction.

CONSIDÉRONS maintenant le pouvoir de l'opinion publique fur les fouverains, en dirigeant feulement nos regards vers les fonctions de l'adminiftration intérieure. Une obfervation effentielle fe préfente d'abord à l'efprit : c'eft que l'aiguillon de la gloire fe fait fur-tout fentir, lorfqu'il y a de grands abus à réformer, & lorfqu'on peut efpérer ainfi de faire fuccéder la règle à la confufion ; mais quand cette tâche eft remplie, & qu'il faut feulement conferver &

O 3

maintenir ce qui est bien, l'amour de la
renommée n'a plus un aliment suffisant, &
c'est alors que la vertu des princes devient
le seul gardien fidèle des intérêts publics : un
règne tel qu'on peut s'en former une idée,
enleveroit aux règnes suivans tout sujet de
gloire éclatante, & il faudroit de nouveaux troubles & de nouvelles craintes,
pour ranimer le sentiment de l'admiration,
& pour lui rendre son ancien ascendant &
sa première force.

On pourroit aussi, & ce tableau seroit
bien différent; on pourroit se figurer une
époque, où, par la dégradation successive
des caractères, l'opinion publique n'indi-
queroit plus de route, & où la voix des
hommes appellés à décerner la louange, ne
retentiroit plus assez fortement pour faire de
cette louange un motif puissant d'ambition
& de récompense. Ainsi, dans un pays, dans
une ville où la cupidité sembleroit triom-
phante, & où chacun se montreroit à la
poursuite de la fortune qui s'acquiert par
l'intrigue & par les vices de ceux qui

donnent, ce ne seroit plus le ménagement
des impôts, ce ne seroit plus le respect pour
les intérêts du peuple qui deviendroit un
sujet de renommée. De même dans un
pays soumis au despotisme, & où les esprits
habitués à s'humilier devant la puissance,
ne connoîtroient plus d'autre idole ; on ne
pourroit pas y acquérir une gloire contemporaine en relevant les caractères, en tem-
pérant avec sagesse l'exercice de l'autorité,
& en rendant aux citoyens de l'empire le
degré de liberté dont ils peuvent jouir sans
inconvénient. C'est donc la morale, & la
morale seule, qui convient à tous les temps
& à toutes les circonstances ; c'est elle qui
peut résister aux révolutions d'habitudes &
d'opinions dont l'histoire fournit des exemples, & dont les hommes sont par-tout susceptibles.

Je ne dois point négliger une con-
sidération très - importante : les princes,
par l'élévation de leur rang, & par leur
influence sur les mœurs nationales, se
trouvent dans cette position unique &

O 4

singulière , où l'on est plus appellé à diriger
l'opinion publique qu'à recevoir d'elle des
instructions & des encouragemens : ainsi ,
l'on doit desirer à un monarque des principes
qui émanent de son cœur, & qui dépendent
de sa réflexion , les seuls capables de lui
donner en tout temps une force qui lui
soit propre , & un courage qui lui appar-
tienne. Il faut qu'un prince devienne son
premier juge ; il faut , pour ainsi dire , qu'il
prenne lui-même sa hauteur ; il faut qu'une
morale sublime entretienne au fond de son
ame un modèle idéal de perfection , avec
lequel il puisse raccorder sans cesse & l'opinion du monde & les jugemens de sa propre
conscience. Enfin , & cette dernière réflexion que je vais faire s'appliquera d'une
manière générale aux observations précédentes, l'opinion publique parle quelquefois
long-temps avant que les princes entendent
sa voix ; elle règne sur leur Empire avant
qu'ils le sachent ; elle erre autour de leurs
palais , sans qu'ils l'apperçoivent encore ,
elle voudroit pénétrer dans l'intérieur de

leurs appartemens, mais elle n'a pas *fes*
entrées ; toutes les vanités, tous les orgueils,
tous les vices ont le pas fur elle ; les vieux
habitués de la cour lui demanderoient vo-
lontiers ce qu'elle y vient faire ; & les
petits pourfuivans du crédit ou de la faveur
s'amufent à la ridiculifer. Les miniftres qui
la voient fur leurs traces, à la ville, & qui
en font fouvent importunés, la deffervent
auprès de leur maître ; & quand le bruit
qu'elle fait arrive jufques à lui, on trouve
encore le moyen d'en affoiblir l'impreffion,
en attribuant ce mouvement à des paffions
particulières, & en donnant le nom de
cabale à l'indignation contre le vice. Oui,
tel eft le malheureux fort des princes, que
le bonheur de l'Etat eft fouvent ébranlé,
avant que l'opinion publique prenne fa place
auprès d'eux, & leur montre enfin la vérité ;
nouveaux motifs, nouvelles confidérations
bien propres à faire connoître que le pouvoir
de l'opinion publique ne peut jamais égaler
en utilité ces grands principes de morale,
qui, à l'aide des idées religieufes, fe fixent

dans le cœur des hommes, & leur donnent
à tous des loix, sans distinction de rang,
de naissance & de dignités.

Que si des rois nous portons nos regards sur les personnes qui sont les dépo-
sitaires de leur confiance, nous apperce-
vrons davantage encore l'absolue nécessité
d'une morale active & dominante : les ministres sans vertu sont plus à craindre que
les souverains indifférens au bien public ;
nouvellement sortis de la foule, ils savent
mieux que les rois l'usage personnel que
l'on peut faire de toutes les passions & de
tous les vices ; & comme ils tiennent à la
société, comme ils ont des rapports continuels avec les divers ordres de l'Etat,
leur corruption se propage, & sa dange-
reuse influence s'étend à de grandes dis-
tances. Attaqués néanmoins, insensiblement, par l'opinion publique, ils deviennent
encore plus malfaisans dans leurs moyens
de défense ; car désespérant de se déguiser
devant les regards attentifs de tout un
peuple, ils tournent leur adresse contre le

prince; ils étudient, ils épient ses foiblesses,
& encouragent habilement celle qui peut
protéger ou couvrir le défaut de leur caractère; ils s'appliquent en même temps
à parer l'immoralité de toutes les graces
qui peuvent la rendre aimable, & ils tâchent
de faire hair la vertu, en la représentant
comme austère, impérieuse, insociable &
presque désassortie à nos mœurs & à nos
manières. C'est ainsi que les ministres,
affranchis de toute espèce de principes,
ne sont pas seulement le malheur d'un pays,
pendant la durée de leur autorité, mais ils
altèrent encore les premières sources de la
félicité publique, en affoiblissant dans un
monarque le sentiment de ses devoirs, en
le détournant quelquefois de ses heureux
penchans, & en le décourageant, pour
ainsi dire, de ses propres vertus. Enfin, le
tableau que je viens de faire, donneroit
lieu à une autre observation importante.
Le prince, après s'être écarté quelques
momens de la route de la véritable gloire,
peut revenir, quand il lui plait, à l'amour

des bonnes & des grandes chofes; toutes
les voies lui font ouvertes ; tous les cœurs
de nouveau font prêts à l'accueillir ; on a le
goût d'aimer, on a le befoin d'eftimer celui
que la deftinée a placé à la tête d'une nation,
& qui, revêtu de la majefté que lui prête une
longue fuite d'aïeux, fe montre à nous environné de tous les preftiges du diadême ; on
adopte avec plaifir les interprétations qui
peuvent excufer fa conduite ; on impute à
de mauvais confeils les fautes qu'il a com-
mifes; & l'on eft empreffé de paffer avec lui
un nouveau contrat d'eftime & d'efpérance.
Il n'en eft pas de même des miniftres ; une
femblable indulgence ne leur eft point due ;
car ils ne peuvent rien rejetter fur les autres,
& toutes leurs actions leur appartiennent :
ainfi, quand ils ont une fois manqué à l'opinion publique, leurs torts vont en croiffant,
& chaque jour ils font plus de mal, parce
qu'ils font obligés, pour fe foutenir, de re-
doubler d'intrigue & de diffimulation.

J'y ai bien réfléchi : la morale des
princes, celle des miniftres, celle des

Gouvernemens en général, est la première
source du bonheur des peuples, la première
sagesse des Empires ; on la dédaigne, parce
qu'elle n'est pas de notre invention, & l'on
donne souvent la préférence à ces artifices
de l'esprit, qui nous séduisent comme étant
notre propre ouvrage ; ou peut-être qu'on
en éprouve le besoin, quand on n'a plus
de morale, quand on a perdu de vue ce
guide sûr & fidèle, ce compagnon du véritable génie, & qui, de même que lui,
s'attache à tous les moyens simples &
candides. Oui, la haute vertu, comme la
raison supérieure, rejettent également ces
ressources & ces habiletés, qui ne prennent
pas leur origine dans un sentiment élevé,
ou dans une grande pensée ; & tandis que
l'une assujettit un homme d'Etat à respecter
l'honneur, la justice & la vérité, l'autre
lui découvre l'union de ces principes avec
l'affermissement de l'autorité, la véritable
gloire & les succès durables de la politique ; enfin, tandis que l'une le rend inquiet du bonheur des peuples, l'autre lui

montre comment, du fein de ce bonheur,
on verroit naître infenfiblement un accord d'intérêts & de volontés, dont nous
ignorons encore le dernier degré de puiffance.

QUE fi l'on vouloit maintenant arrêter
un moment fon attention fur le bonheur
particulier des princes, on reconnoîtroit
aifément qu'ils ont un befoin réel des idées
encourageantes réunies aux opinions religieufes. Le pouvoir éminent dont ils jouiffent fe préfentant, avec raifon, à leur efprit
comme un privilège unique & fingulier, ils
croient devoir faire ufage de ce pouvoir
pour tout, & ils l'appliquent inconfidéré-
ment à accélérer, à rapprocher tous les
inftans de plaifir : mais, comme ils ne fauroient changer les loix de la nature, il
arrive, qu'en fe livrant avec tant de hâte
à tout ce qui féduit leur imagination, ils
éprouvent, avec une égale promptitude,
les triftes langueurs de l'indifférence & l'ac-
cablement de l'ennui.

Les rois, dans l'exercice de leurs fen-
fations morales, font expofés à des contrariétés abfolument femblables; ils fe trouvent, en naiffant, au plus haut degré d'élévation, enforte qu'ils ne font jamais conduits de perfpective en perfpective, &
ne connoiffent point ces gradations qui
mettent leurs fujets en mouvement au nom
de la vanité, de l'amour-propre & de la
fortune. Hélas! on leur obéit fi promptement, leurs defirs font fi rapidement fatif-
faits, que leurs goûts & leurs volontés ne
peuvent fe renouveller avec la vîteffe néceffaire pour remplir les vuides de la vie.
Ils parviendroient donc bientôt à ce terme,
où l'avenir ne paroîtroit plus à leurs yeux
qu'une étendue monotone, un efpace fans
couleur & fans forme, fi le but magnifique que la religion préfente à la piété,
étoit couvert d'un voile, & s'il falloit dé-
formais le confidérer comme une illufion
menfongère indigne de nos regards.

On apperçoit, fans doute, une fource
de fatisfactions dans les nombreux devoirs

du rang suprême; mais il faut que les princes
puissent lier toutes leurs obligations à une
grande idée, la seule capable d'animer constamment les actions & les pensées de ces
maîtres de la terre, qui n'ont besoin, ni
de graces, ni de faveurs, ni d'avancement,
ni de préférences, ni d'aucune récompense
de mains d'hommes, & qui ont le privilège de tout obtenir par le commandement
& la volonté. Ah! qu'ils se trouveroient
bien, pour leur propre bonheur, de se
placer quelquefois entre le monde, où ils
se lassent de leur propre puissance, & ce
magnifique avenir, dont la méditation sublime les rameneroit, avec plus de charme,
à l'exercice de leur autorité! Quel plaisir
ne trouveroit pas alors un monarque dans
cette autorité, la source de tant de biens!
Quel plaisir ne trouveroit-il pas à s'appro-
cher ainsi, plus près que personne, du secret
de la bienfaisance divine, la plus douce &
la plus consolante des pensées! Et quels
momens pour lui, que ceux où, en pré-
sence du généreux ami de la nature humaine,

maine, il pourroit réfléchir, le matin, aux
heureux qu'il va faire, & le foir, à ceux
qu'il a faits ! Quelle différence entre ces
délicieux inftans, dont une nation entière
reffent l'influence, & ces *levers*, ces *cou-
chers*, connus des feuls courtifans, où le
monarque en repréfentation, goûte le trifte
plaifir de voir tant d'hommes abaiffés devant
fa feule image ! Quelle différence encore
pour lui, entre ces délicieux inftans & tóus
ces momens de parade, au milieu defquels,
ébloui par les formes adulatrices qui l'environnent, il ne peut difcerner lui-même
s'il eft un grand prince, ou s'il n'eft qu'un
roi !

Enfin, nous ne devons pas le diffimuler,
plus un vafte horifon fe déploie aux yeux
des fouverains, plus une immenfité de devoirs fe préfente à leur réflexion, & plus
ils ont befoin de fe croire foutenus par une
puiffance fupérieure à leur propre force :
ils ont la confcience de la difproportion
qui exifte entre l'étendue de leur autorité
& les moyens confiés à la nature humaine;

P

& ce n'est qu'en s'appuyant contre cette
colonne mystérieuse élevée par la religion,
qu'ils peuvent se raffermir, & considérer,
sans épouvante, que la providence les appelle à régler & à diriger le destin de tout
un Empire. Ce fut en méditant profondé-
ment sur l'existence d'un Dieu ; ce fut en
réfléchissant sur l'influence & les divers rapports d'une si grande pensée, que Marc-
Aurèle découvrit toute l'étendue de ses
devoirs, & se sentit en même temps le
courage & la volonté de les remplir. L'accord heureux & constant de ses opinions
avec ses principes, a rendu son règne célèbre, & en a fait une instruction éternelle
de sagesse & de morale.

Nous ne saurions donc en douter ; c'est
à la vertu, & à la vertu étayée de toutes
les opinions qui l'impriment dans le cœur
de l'homme, qu'il faut desirer d'avoir à
confier le dépôt sacré du bonheur public ;
c'est elle seule qui est toujours fidelle &
toujours vigilante ; c'est elle seule aussi
qui peut se passer de l'aiguillon de la

louange , & qui , par l'ascendant d'un
grand exemple , ramène au contraire les
hommes vers la connoissance de tout ce
qu'ils doivent admirer.

CHAPITRE VIII.

*Objection tirée des guerres & des troubles
dont les opinions religieuses ont été l'origine.*

JE présenterai d'abord cette objection
dans toute sa force, ou plutôt je ne cher-
cherai point à l'affoiblir ; car personne n'a
besoin qu'on lui rappelle tous les maux
qu'une longue suite de générations eut droit
de reprocher au zèle aveugle & barbare
du fanatisme religieux. Chacun a présent
à sa mémoire ces actes multipliés d'intolérance, qui ont souillé les annales de l'histoire ; chacun connoît ces scènes de dis-
corde, de guerre & de fureur, que des
controverses de théologie ont introduites
parmi les hommes ; chacun a pu s'instruire
des malheurs qu'entraînèrent après elles ces
fatales entreprises, que les rares vertus d'un
grand roi n'ont pu justifier. Enfin, pour
entretenir dans tous les âges un souvenir

funeſte de l'abus qu'on a fait du nom d'un Dieu de paix, il ſuffira de préſenter l'image de cette journée ſanguinaire, où quelques différences de dogmes devinrent un arrêt de proſcription, & le ſignal effrayant de la plus cruelle des frénéſies.

C'eſt ainſi que dans tous les temps, par une abſurde tyrannie, ou par un enthouſiaſme féroce, on a ménagé des triomphes aux ardens détracteurs des opinions religieuſes. Examinons cependant ſi les inductions qu'on veut tirer de ces égaremens de l'eſprit humain, ſont fondées ſur la raiſon & ſur la juſtice.

Je ne m'arrêterai pas à faire obſerver que les idées religieuſes ont ſouvent été le prétexte, encore plus que le véritable motif, des convulſions malheureuſes dont ces opinions paroiſſent de nos jours l'unique origine ; je ne m'arrêterai point à rappeller les divers biens politiques, dus uniquement à la religion, & dont les auguſtes monumens ſont conſacrés dans l'hiſtoire : je n'emprunterai que l'appui de la raiſon ; & c'eſt à

P 3

un petit nombre de réflexions simples, que je bornerai cette discussion.

Réussiroit-on à convaincre des avantages de l'anarchie, en rapportant les différens abus de l'autorité? Parviendroit-on à décrier toute espèce de jurisprudence, en racontant tous les maux qu'a produits la chicane? Pourroit-on jetter du mépris sur la science, en rappellant toutes les découvertes funestes qui sont dues à ses recherches? Faudroit-il étouffer tous les genres d'amour-propre & d'activité, au récit des différens crimes que la cupidité, l'orgueil & l'ambition ont fait commettre? Et devroit-on enfin desirer l'anéantissement des opinions religieuses, parce que le fanatisme les a fait servir quelquefois au malheur de l'humanité? Toutes ces questions sont semblables, & elles doivent être résolues de la même manière: ainsi, l'on peut dire, à l'égard des unes & à l'égard des autres, que dans tous nos intérêts & dans toutes nos passions, c'est par la sagesse & par les lumières de la raison que le bien est séparé du mal; mais on ne doit jamais confondre leur proximité avec une identité réelle.

Le fanatisme & la religion n'ont aucun rapport ensemble, quoique trop souvent ces deux idées se soient trouvées réunies. Ce n'est point le culte du père commun des hommes; ce n'est point non plus la morale de l'évangile, dont tous les préceptes ramènent à l'indulgence & à la bonté, qui inspire l'esprit de persécution; l'on ne doit l'attribuer qu'à une aveugle démence, semblable à tous ces écarts & à tous ces crimes qui déshonorent l'humanité. Mais puisque, de nos jours, les excès auxquels les hommes s'abandonnent, n'engagent point à dénoncer comme un malheur, tous les sentimens dont les passions déréglées ne sont que l'intempérance, de quel droit voudroit-on refuser aux idées religieuses la reconnoissance qui leur est due, parce qu'autrefois elles ont donné naissance à des haines, des troubles & des divisions malheureuses? Il faudroit plutôt remarquer que le zèle intolérant est, de tous les égaremens de l'esprit humain, celui fur lequel le progrès des lumières paroît avoir agi de la manière la plus puiffante. En effet, tandis que cette ardeur fanatique, fucceffivement affoiblie, femble aujourd'hui toucher à fon déclin, les défordres qui tiennent aux paffions ordinaires, à l'ambition, à l'amour de la fortune, à la foif des plaifirs, font demeurés dans toute leur force. Cependant, quel fentiment, quelle idée dominante euffent eu plus de droits à faire pardonner leurs erreurs, que la dévotion & la piété ? Par quel nombre infini de bienfaits l'efprit pur de la religion ne rachète-t-il pas les abus qui font nés de la fauffe interprétation de fes loix ? C'eft à cet efprit, comme nous l'avons montré, que les hommes doivent la ftabilité de l'ordre public, & les principes affermis du jufte & de l'injufte : c'eft à ce même efprit, que l'indigent eft redevable des fecours de la charité : c'eft à lui que la vertu doit fes encouragemens ; le malheur, fes confolations ; l'innocence opprimée, fon unique refuge ; & la fenfibilité, fes plus

douces & ses plus chères espérances. Oui,
l'esprit pur de la religion nous enveloppe
de par-tout : il fait le charme de la so-
litude, le lien des sociétés, l'espoir des
affections intimes ; il vit en nous, autour
de nous, au-delà de nous ; & nous pourrions le calomnier ! & nous voudrions le
détruire, en souvenir des opinions tyran-
niques de quelques prêtres & de quelques
souverains, dont nous détestons aujour-
d'hui les principes & la conduite !

Je ferai encore une remarque, & je
demanderai par quelle singularité l'on dénonce, comme un motif de réprobation
contre les opinions religieuses, les anciennes guerres dont elles ont été l'origine ;
tandis qu'on ne s'avise jamais de contester
l'importance du commerce, quoique des
ruisseaux de sang soient continuellement
versés pour le plus petit intérêt de ce genre ?
Les personnes à qui l'on a droit de présenter ce rapprochement, se méprendroient-
elles assez dans leurs jugemens, pour mettre
en parallèle quelques avantages pécuniaires,

dont un Etat politique ne jouit jamais qu'aux
dépens d'un autre, avec ces biens auſſi précieux qu'univerſels, dont les idées religieuſes
ſont l'origine & l'appui ?

Enfin, entre les divers raiſonnemens
qu'on emploie pour attaquer ces opinions,
le plus frivole, ſans doute, eſt celui qui
tire toute ſa force des erreurs & des fautes
dont le temps préſent ne fournit plus d'exemples. Que diroit-on ſi, au moment où un
ſuperbe édifice commenceroit à être affermi
ſur ſes baſes, on exhortoit à le renverſer, en
faiſant le récit de tous les accidens que ſon
élévation a cauſés ?

Jettons donc un regard douloureux ſur
les époques de l'hiſtoire, où l'on a fait
de la religion un ſujet de guerre & de
cruauté : oppoſons au retour de ces ſcènes
ſanglantes, oppoſons à l'eſprit d'intolérance
toutes les forces de la ſageſſe & tous les enſeignemens de cette religion elle-même,
que l'on prétend ſervir par un aveugle zéle.
Mais loin de nous affranchir du reſpect que
nous devons aux opinions ſalutaires, dont

les hommes ont abufé, fervons-nous de l'expérience, comme d'un nouveau défenfeur contre les écarts de l'imagination & les furprifes de nos paffions (1).

(1) J'aurois étendu davantage ce Chapitre, fi je ne devois pas faire quelques réflexions générales fur l'intolérance, dans une autre partie de cet Ouvrage.

CHAPITRE IX.

Examen d'une autre objection. Jour du repos.

JE ne mettrai point au rang des objections que je dois discuter ; je ne comprendrai point dans le nombre des raisonnemens qu'il est important d'approfondir, ni les opinions diverses sur telle ou telle partie du culte religieux, ni les difficultés élevées contre l'adoption de quelque idée dogmatique jugée essentielle par les uns, & considérée avec indifférence par les autres : ce n'est pas un traité de controverse théologique que j'ai eu intention de composer ; c'est encore moins la doctrine d'une Eglise que je voudrois opposer à celle d'une autre ; il n'en est aucune qui ne lie la morale aux commandemens d'un Être suprême ; il n'en est aucune qui ne voie dans le culte public l'expression respectueuse d'un sentiment d'amour & de reconnoissance envers le souverain auteur de la nature. Ainsi, les perfonnes même qui croiroient appercevoir quelque imperfection dans le fyftême, ou dans les formes du culte en ufage chez une nation, n'auroient pas le droit de fe fervir d'une pareille confidération, pour contefter l'utilité des opinions religieufes; puifque les réflexions qui viennent d'être préfentées fur l'importance de ces opinions, peuvent être également appliquées à la doctrine de tous les pays, & aux principes de toutes les fectes.

Je ne m'arrêterai donc qu'à la feule difficulté qui intéreffe indiftinctement les diverfes religions de l'Europe.

L'adoption d'un culte public, & la néceffité d'y confacrer au moins un jour chaque femaine, entraînent, dit-on, une fufpenfion de travail trop fréquente; & cette fufpenfion nuit à la richeffe de l'Etat, & diminue les reffources des particuliers.

Je pourrois d'abord obferver qu'une femblable objection paroîtroit bien foible, fi on la rapprochoit des grands avantages dont les hommes font redevables aux opinions religieuses. Un accroissement de richesse ne peut jamais être mis en balance avec l'ordre, la morale & le bonheur. Mais je dois aller plus loin, & montrer que le jour de repos, consacré parmi nous à l'observation du culte public, ne porte point de dommage à la force politique, & qu'une semblable institution, loin d'être contraire aux intérêts du peuple, les protège & les favorise; &, comme c'est toujours à de tels intérêts que je donne la primauté dans mon cœur, je commencerai par démontrer, en peu de mots, l'exactitude de ma dernière proposition.

On auroit tort de croire que, dans un espace de temps donné, les hommes obligés, par l'inégalité des propriétés, à vivre du travail de leurs mains, eussent plus de moyens d'améliorer leur situation, si, par les loix de la religion, ils n'étoient pas dans l'obligation de cesser, chaque semaine, ce travail pendant un jour.

Il faut, pour appercevoir cette vérité, examiner d'abord quelle est aujourd'hui la

base de la mesure des salaires : elle ne consiste point dans une proportion réelle entre
le travail & sa récompense. En effet, si l'on
consultoit uniquement les lumières de la
raison & de l'équité, personne, je crois,
n'oseroit prononcer que le plus étroit nécessaire physique est le véritable prix d'un
travail fatigant & pénible, qui commence
à l'aube du jour, & ne finit qu'au coucher
du soleil : on ne pourroit soutenir, qu'en-
touré de son luxe, & au sein d'une molle
oisiveté, le riche ne dût accorder aucune
autre rétribution à ceux qui vouent leur
temps & leurs forces à grossir ses revenus,
& à multiplier ses jouissances. Ce n'est donc
point sur des principes & des rapports éta-
blis par une raison naturelle ou réfléchie,
que le salaire de la multitude des hommes
a été fixé ; c'est un traité de force & de
contrainte, qui dérive uniquement de l'empire de la puissance, & du joug que la
foiblesse est obligée de subir. Le possesseur
d'un vaste domaine verroit toutes ses ri-
chesses s'évanouir, si des serviteurs nom-

breux ne venoient pas labourer ſes terres,
les remuer d'un bras vigoureux, & rapporter, dans ſes greniers, les productions
diverſes qu'ils recueillent pour lui chaque
année : mais comme le nombre des hommes ſans propriétés eſt immenſe, leur concurrence, & le beſoin preſſant qu'ils ont de
travailler pour vivre, les oblige à recevoir
la loi de celui qui peut, au ſein de l'aiſance,
attendre paiſiblement leurs ſervices ; & il
réſulte de ces relations habituelles entre le
riche & le pauvre, que le ſalaire de tous les
travaux groſſiers eſt conſtamment réduit au
terme le plus extrême, c'eſt-à-dire, à la
récompenſe ſuffiſante pour ſatisfaire jour-
nellement aux beſoins les plus indiſpenſables.

Ce ſyſtême poſé, s'il étoit poſſible que,
par une révolution de la nature, l'homme
vécût & conſervât ſes forces, ſans deſtiner
chaque jour quelques heures au repos &
au ſommeil, il eſt hors de doute qu'on lui
demanderoit en peu de temps un travail
de vingt heures, pour le même prix accordé
maintenant à un travail de douze.

Or,

Or, par une affimilation parfaite à l'hy-
pothéfe que je viens de préfenter, fuppofé
qu'une révolution morale permît à tous les
ouvriers de travailler fept jours de la femaine, il eft hors de doute qu'en peu de
temps on exigeroit d'eux le travail de ces
fept jours pour le même prix accordé maintenant au travail de fix; & ce nivellement
s'exécuteroit par la baiffe fucceffive du prix
de la journée. La claffe de la fociété qui,
en ufant de fa puiffance, a réglé les falaires
actuels, non fur des rapports indiqués par
la raifon & par l'équité, mais fur la valeur
des befoins indifpenfables d'un homme de
peine, cette même claffe fi éclairée fur fes
intérêts, fauroit bien appercevoir que le
peuple, avec un jour de gain de plus par
femaine, pourroit foufcrire à la diminution
d'un feptième fur le prix de fa main-
d'œuvre, & conferver en même temps
fon ancien état. Ainfi, quoique dans les
premiers temps, & avant que la révolution
fût complète, tous ceux qui vivent du
travail de leurs mains, croiroient avoir

Q

acquis une reſſource nouvelle , & verroient momentanément leurs bénéfices augmentés, ils ne tarderoient pas à être ramenés à leur précédente fortune ; car il en eſt des rapports de l'ordre ſocial comme des loix d'équilibre du monde phyſique , où tout ſe combine , ſe range , & prend ſon aſſiette , d'après les loix immuables de la proportion des forces.

Les hommes dénués de propriété , après avoir été trompés quelque temps , ne gagneroient donc qu'un accroiſſement de travail à l'abolition du jour de repos ; &, comme cette vérité ne ſe préſente pas naturellement à l'eſprit , on doit conſidérer comme un ſervice eſſentiel de la religion, d'avoir garanti le plus grand nombre des hommes , d'un degré d'oppreſſion , au-devant duquel ils ſeroient allés eux-mêmes aveuglément , s'ils avoient été libres de faire un choix.

Les travaux journaliers d'une des claſſes de la ſociété , ſurpaſſent la meſure raiſonnable de ſes forces , & avancent les jours de ſa décrépitude ; il étoit donc d'une

nécessité absolue que le cours habituel de
ces travaux fût de temps en temps suspendu;
mais comme le peuple, environné de befoins de tout genre, doit être séduit par
la plus légère apparence d'un nouveau
profit; il falloit encore, pour son bonheur,
que l'interruption de ses fatigues, fixée par
un devoir religieux, ne lui parût pas le prix
volontaire d'un sacrifice de fortune, & ne
lui laissât pas de regrets. Enfin, il se complaît
dans ces époques, qui, de sept jours en
sept jours, apportent un petit changement
à son genre de vie; & il a besoin de ce
changement, pour n'être pas attristé par
une suite continuelle & monotone des
mêmes occupations & des mêmes efforts.
Aussi, quand on prétendroit subtilement
que le peuple est moins heureux dans son
jour de repos que dans ses jours de travail,
il seroit au moins vrai que ces derniers sont
adoucis par la perspective de l'autre: il est
des hommes si malheureux, si étroitement
circonscrits dans leurs sentimens d'ambition,
que la plus petite variété leur tient lieu

Q 2

d'espérance. Il me semble encore qu'il se glisse dans le cœur des gens du peuple, quelques pensées propres à relever un peu leurs sentimens abattus, lorsqu'un jour par semaine ils se revêtent d'un habit qui les rapproche extérieurement des autres citoyens; lorsque, ce jour, ils sont maîtres absolus de leur temps, & peuvent se dire ainsi quelquefois : & moi aussi, je suis libre (1).

---

(1) Ces diverses réflexions sont d'autant plus nécessaires dans le lieu où je vis, que depuis peu de temps on se permet, à Paris, de faire travailler les ouvriers le Dimanche : on voit cette pratique publiquement mise en usage au nouveau pont qui se construit sur la Seine, comme si un ouvrage de simple commodité étoit tellement pressé, que toutes les loix dussent être dédaignées pour en hâter l'exécution. Les ouvriers, dira-t-on, sont fort contens de gagner une journée de plus par semaine. Sans doute, en ne voyant que l'instant présent, ils ont raison de penser ainsi ; mais c'est au Gouvernement à considérer, dans un plus grand espace, les intérêts de cette partie de la société, qui est par-tout si aveugle, ou si bornée dans ses calculs ; & les Chefs de l'Eglise doivent examiner aussi si le changement subit d'un usage ancien parmi les hommes, ne peut pas faire naître l'idée

Je dois maintenant examiner la seconde proposition que j'ai indiquée.

Vous avez fait voir, me dira-t-on, que la multiplication des jours de travail occasionneroit une réduction dans le prix de la main-d'œuvre : ainsi, l'on a droit de vous demander si un pareil résultat ne favoriseroit pas le commerce, & ne contribueroit pas de cette manière, à l'accroissement de la force politique. Sans doute, on peut considérer sous ce point de vue la diminution du prix de l'industrie; mais la force politique étant toujours une idée relative, & qui dérive d'une comparaison ou d'un rapport avec les autres Etats souverains, cette force ne peut jamais être augmentée ni diminuée par une circonstance commune à tous les pays de l'Europe. Le royaume qui, dans sa barbare ambition, aboliroit le jour du repos établi par les loix de la religion, se

---

d'un affoiblissement dans l'esprit religieux. Les nations où cet esprit s'est le mieux conservé, ont le plus grand respect pour l'institution du jour de repos.

Q 3

procureroit probablement un degré de su-
périorité , si seul il adoptoit un pareil changement ; mais au moment où tous les souverains suivroient cet exemple , les proportions anciennes, qui fixent aujourd'hui
les avantages respectifs des diverses nations
commerçantes , ne seroient point altérées.
Cependant , le même raisonnement doit
servir à faire connoître qu'un pays , où les
temps d'inaction sont trop multipliés, a nécessairement un désavantage politique, relativement aux Etats où le Dimanche & les
époques solemnelles sont les seuls jours de
repos, prescrits par la religion du pays ,
& autorisés par les loix du Gouvernement.

Concluons de ces diverses observations ,
que loin de faire un reproche aux opinions religieuses du jour de repos, consacré chaque semaine au culte public , on
doit reconnoître avec plaisir qu'une telle
institution est devenue un acte précieux
de bienfaifance envers cette classe nombreuse des habitans de la terre, la plus
digne d'intérêt & de protection ; envers

cette claffe à qui l'on demande tant, & à qui l'on rend si peu; envers cette claffe infortunée, dont la jeuneffe & l'âge mûr font dévorés par les riches, & que l'on abandonne à elle-même, quand le moment est venu, où elle n'a plus de forces que pour prier & pour verser des larmes.

CHAPITRE X.

Observation fur une circonftance particulière du culte public.

IL ne fuffit pas que les chefs de l'Etat foient perfuadés de l'influence des opinions religieufes fur la morale & fur le bonheur des hommes ; ils doivent encore s'occuper des moyens les plus propres à entretenir cette action falutaire ; & fous un pareil rapport, toutes les parties du culte public deviennent de la plus grande importance. Elevé dans une religion où l'on a cru fe rapprocher des premières idées du chriftianifme, en adoptant, fur plufieurs points, des principes différens de la foi catholique, je ne pourrois, fans manquer de fageffe, approfondir aucune des queftions qui divifent les deux Eglifes ; je le ferois même fans utilité, tant nous fommes difpofés à rapporter aux préjugés de naiffance, les idées qui appartiennent le plus aux fentimens &

à la penfée d'un homme en particulier :
nous aimons à juger de tout par de grands
traits ; cette manière foulage notre pareffe,
mais elle nous écarte fouvent de la vérité.
Il me femble cependant que les efprits font
affez éclairés aujourd'hui , pour qu'il foit
permis d'inviter les chefs de l'Eglife & du
Gouvernement , dans les pays catholiques,
à examiner attentivement , s'il n'eft pas
temps de faire un plus grand ufage de la
langue vulgaire ; & fi l'on n'eft pas averti,
par la dégradation fenfible des mœurs,
d'apporter quelque changement à cette
partie du fervice divin.

Ce n'eft qu'au milieu de la grande meffe,
qu'on adreffe aux habitans des campagnes
quelques exhortations dans leur langue :
il étoit naturel de confidérer ce moment
comme le plus propre à difpofer les efprits
au refpect & à l'attention ; mais peut-être
que la pompe même d'une augufte cérémonie , en faififfant fortement l'imagination , diftrait les gens du peuple de l'importance des autres parties du culte divin ;

& il n'eſt pas rare, dans pluſieurs campagnes, de voir beaucoup d'hommes ſortir
de l'Egliſe pendant le prône, & y rentrer
à l'inſtant de la conſécration.

Je crois auſſi que les prières publiques
devroient être conſtamment en langue vulgaire; car, ſuſceptibles ſi facilement d'un
mouvement ſenſible, & d'une onction touchante, il n'eſt aucun diſcours religieux qui
ſympatiſe davantage avec la foibleſſe humaine; & comme elles ſe ſervent de nos
beſoins & de nos inquiétudes pour nous
élever à l'Être ſuprême, elles font choix
du meilleur de tous les liens, pour captiver la multitude.

Je dois faire obſerver encore, qu'une
partie des gens de campagne, ſur - tout
dans certaines ſaiſons de l'année, n'aſſiſtent
qu'à la meſſe du matin, & alors ils ſont
témoins ſimplement d'une cérémonie religieuſe (1). Cependant, ſi l'uſage & la
liberté de travailler le Dimanche s'éten-

---

(1) Cette meſſe eſt communément une meſſe *baſſe*.

doient davantage, le peuple des campagnes, fe bornant de plus en plus à cette
première meffe, n'entendroit, dans toute
l'année, ni difcours inftructif, ni lecture
édifiante, ni prière dans fa propre langue.

Il y a fûrement quelque chofe à changer
dans ces inftitutions religieufes, pour les
faire fervir plus efficacement au foutien de
la morale, & à la confolation de la plus
nombreufe partie de la race humaine. Le
peuple des campagnes, dont les travaux
compofent notre richeffe, doit être foigné
avec une inquiétude paternelle; & puifqu'il n'eft point expofé aux paffions déréglées qui trouvent un aliment dans les villes;
puifque des moyens doux & fages fuffi-
roient encore pour l'entretenir dans l'habitude de fes devoirs, les chefs de l'Eglife
& de l'Etat ont à répondre, en quelque
manière, de fes mœurs & de fes inclinations.

✳

CHAPITRE XI.

Que la seule idée d'un Dieu suffiroit pour servir d'appui à la morale.

APRÈS avoir montré que la morale a besoin d'un appui surnaturel, on a droit d'attendre de nous, que nous cherchions à développer les rapports intimes & immédiats qui uniffent enfemble l'amour de la vertu, l'obfervation de l'ordre & les opinions religieufes. J'effaierai donc d'approfondir une fi importante queftion ; & pour arriver à la vérité, je fuivrai d'abord le cours de ces fentimens fimples & de ces penfées primitives qui peuvent guider l'efprit & le cœur de l'homme, dans quelque pays & fous quelque climat que le Ciel l'ait fait naitre.

Je n'ai pas befoin de le dire : c'eft à la feule idée d'un Dieu, qu'il eft facile d'unir toute la légiflation morale & le fyftême entier de nos devoirs.

L'univers, nonobſtant ſa magnificence & ſon immenſité, ſeroit ſemblable au néant, ſi ſon auteur ſuprême ne l'avoit pas peuplé d'êtres intelligens & ſenſibles, capables de contempler tant de merveilles, & d'être heureux par elles; mais les facultés dont nous ſommes doués, la conſcience que nous en avons, la liberté qui nous ſert à en faire uſage, tout nous annonce que nous ſommes unis à une grande combinaiſon, & que nous avons un rôle à jouer dans la vaſte ſcène du monde.

La raiſon la plus ſimple & la plus reſſemblante à un inſtinct, eût ſuffi pour nous mettre en état de veiller ſur notre être phyſique, & pour nous tenir concentrés dans le ſentiment de nous-mêmes; il n'en eût pas fallu davantage pour une ſi petite adminiſtration. Ainſi, quand je vois notre eſprit ſuſceptible d'une perfection continuelle, quand je vois les hommes jouir du ſingulier pouvoir de s'entre-aider & de ſe communiquer leurs idées, quand je fixe mon attention ſur nos inclinations ſociales

& fur toutes les qualités relatives qui composent notre nature, je ne puis m'empêcher
de penser que nous avons un plan de conduite à suivre envers les autres, je ne puis
m'empêcher de croire que dans notre pas-
sage sur la terre, nous avons des ména-
gemens à observer, des obstacles à vaincre,
des sacrifices à faire, & des obligations à
remplir.

Les hommes semblent donc guidés vers
la morale, par les plus beaux dons de la
nature, & par tout ce qu'ils ont en eux de
sublime ; mais on doit remarquer comme
un rapprochement singulier, que leurs besoins aussi & leur extrême foiblesse les con-
duisent au même but.

Quel est, en effet, le mouvement dont
je suis animé, quand je réfléchis sur les
loix impérieuses auxquelles je me trouve
asservi, & quand j'arrête mes regards sur
le spectacle étonnant de grandeur & de
magnificence, dont on m'a rendu le témoin ?
Frappé d'un pareil contraste, j'élève sans
cesse mon ame vers le souverain maître des

événemens, & je fuis entraîné par inftinct
& par un fentiment raifonné, à lui adreffer
mes prières. Il femble au malheureux qu'il
faut fi peu de chofe, pour le délivrer du
danger qui le menace, & pour éloigner la
douleur dont il eft tourmenté, qu'à l'afpect
de tant de prodiges au-deffus de fon entendement, il implore, il invoque la compaffion de celui dont la formidable puiffance éclate de toutes parts. Mais pourrai-je
imaginer que cet Être fuprême ne foit un
Dieu que pour moi ? pourrai-je penfer que
feul je fois fous fa protection ? que feul
je fois digne de fon intérêt & de fa bonté ?
Cependant, fi les hommes, mes femblables, partagent avec moi les droits que je
réclame, les efpérances que je conçois,
comment oferai-je demander d'être pré-
fervé d'un mal que je veux faire aux autres ?
comment oferai-je folliciter la bénédiction
du Ciel fur mes entreprifes, quand je mé-
dite un moyen de traverfer injuftement
celles d'autrui ? comment formerai-je des
vœux pour être affranchi d'un joug qui

m'accable, lorfque j'exerce, envers mes
inférieurs, les vexations les plus tyranni-
ques ? Ainfi, le mécontentement de fon
propre état, la crainte de l'avenir, l'irri-
tation entretenue par l'infortune, tous ces
fentimens, qui engagent à troubler l'ordre
focial, prennent un autre caractère, ou
fe modifient du moins fenfiblement, lorfque, dès fes premières peines, l'homme
peut s'élever à Dieu par fes vœux, & que
cependant il n'ofe le faire avec un cœur
fouillé par des intentions criminelles.

Ce n'eft pas feulement la prière qui
nous ramène vers la morale ; une autre
communication avec l'Être fuprême nous
conduit au même but : c'eft le fentiment
de la reconnoiffance. L'homme, perfuadé
de l'exiftence d'une fouveraine puiffance,
& qui fe plaît à rapporter à la protection
divine fes fuccès & fon bonheur, reffent
en même temps le befoin d'exprimer fa
gratitude ; & ne pouvant rien pour celui
qui eft au-deffus de tout, il cherche à fe
former une idée des perfections de cet

Être

Être suprême, afin d'apprendre à discerner
le système de conduite le plus conforme
aux traits distinctifs de ce beau modèle.
Et d'abord, quelles réflexions s'emparent
de notre esprit; quels mouvemens agitent
nos ames, lorsque nous contemplons l'univers? Nous admirons, avec respect, cette
magnifique harmonie, qui est le résultat in-
compréhensible d'une multitude innombrable de forces & de propriétés différentes:
frappés de ce vaste ensemble, où l'on découvre un accord si parfait, comment ne
serions - nous pas entraînés à considérer
l'ordre comme un des signes distinctifs de
la sagesse & de la volonté du maître du
monde? Et comment ne croirions-nous pas
lui rendre un culte, en faisant usage, dans
le même esprit, de la liberté intelligente
dont il nous a fait don? Alors, dans la
composition de l'architecture sociale, cette
œuvre qui nous a été confiée, nous cher-
cherons à nous pénétrer des idées de sagesse
& de proportion dont le spectacle de la nature nous présente un si grand exemple;

R

alors, dans l'établissement des rapports qui
unissent les hommes entre eux, nous étu-
dierons, avec soin, les loix de l'ordre
moral, & nous les trouverons toutes fondées sur cette réciprocité de devoirs, qui
soumet à un mouvement régulier le choc
& l'explosion des divers intérêts personnels:
enfin, l'idée d'un Dieu, créateur, régé-
nérateur & conservateur de l'univers, par
des loix invariables, & par un enchaînement continuel des mêmes causes & des
mêmes effets, semble nous appeller à la
conception d'une morale universelle, qui,
en imitation des ressorts inconnus du monde
physique, soit comme le lien nécessaire de
cette succession d'êtres intelligens, qui, toujours avec les mêmes passions, viennent,
passent & reparoissent sur la terre, pour se
chercher ou se fuir, s'entre - aider ou se
nuire, selon la force ou la foiblesse du nœud
qui les unit, & selon la sagesse ou la dé-
raison des loix & des principes qui dirigent
leurs opinions.

L'étude attentive de l'homme & de sa

nature, doit contribuer à nous affermir dans
l'idée que nous venons d'indiquer. On ne
peut, en effet, confidérer la prodigieufe
différence qui exifte entre les efprits &
parmi les caractères ; on ne peut arrêter
fon attention fur le terme extrême auquel
cette différence peut être portée par la
perfectibilité dont ils font inégalement fufceptibles ; on ne peut enfin réfléchir fur
une pareille conftitution , fans être conduit à penfer que le contre-poids de ces
moyens extraordinaires de force & d'ufur-
pation, devoit provenir de l'empire de la
raifon , de cette autorité fingulière , qui
peut feule établir, entre les hommes, des
rapports de juftice & de convenance, propres à entretenir l'équilibre & l'harmonie
au milieu de tant de difparités : c'eft ainfi
que le refpect pour la morale femble faire
évidemment partie des vues générales &
de l'idée primitive du fuprême ordonna-
teur de l'univers. Et quel plaifir ne trouve-
t-on pas dans la perfuafion que le culte de
la vertu, que l'obfervation des loix d'ordre

nous offrent le moyen de plaire à notre
divin bienfaiteur! C'est la seule espérance
que nous avons de pouvoir concourir, dans
notre foiblesse, à l'exécution de ses grandes
pensées; & entourés de tant de biens, environnés de tant de signes d'une protection
particulière, quel prix ne devons-nous pas
attacher à ce moyen de communication &
de correspondance avec le souverain auteur
de notre existence? Ainsi donc, les hommages de reconnoissance & d'adoration que
nous rendons à la divinité, nous ramènent
à un sentiment de respect pour les loix de
la morale; & ce sentiment, à son tour,
sert à entretenir continuellement en nous
l'idée d'un Être suprême.

Indépendamment des réflexions que nous
venons de présenter, la morale, considérée
dans toute son étendue, a besoin d'être
affermie par cette disposition de l'ame, qui
nous attache au bonheur des autres; &
c'est encore dans une des plus éclatantes
perfections de la divinité, que nous trouvons le premier modèle de ce précieux

fentiment. Oui, l'on ne peut en difconvenir:
ou notre exiftence ne tient à aucune caufe,
ou nous la devons à la bonté d'un Être
fuprême. La vie, on le dira fans doute,
eft un mélange de peines & de plaifirs:
mais, fi nous fommes juftes, nous con-
viendrons que les momens où elle ceffe de
nous paroître un bienfait, ne font épars
qu'à grande diftance, dans le cours de nos
années: la jeuneffe, cet âge qu'une fi
grande partie du genre humain ne franchit
jamais, confidère l'exiftence comme le plus
doux des enchantemens; & les autres faifons de la vie nous offrent des plaifirs moins
animés, fans doute, mais qui s'accordent
davantage avec les progrès de nos lumières
& l'accroiffement de notre expérience.

Il eft vrai que pour s'affranchir d'un fentiment de reconnoiffance, on fe demande
fouvent: qui de nous voudroit revivre, à
condition de parcourir une feconde fois fa
carrière, & de retourner pas à pas fur les
mêmes traces? La réponfe à une femblable
queftion, ne fauroit fixer notre jugement

R 3

fur le prix du bienfait que nous avons
reçu ; car , lorfque nous regardons la vie en
arrière , nous la voyons dépouillée de fes
deux principaux ornemens , la curiofité &
l'efpérance ; & ce n'eft point dans cet état
qu'elle nous a été donnée , & que nous en
avons joui.

Il eft peut - être hors de notre pouvoir
de nous replacer , par la penfée , dans les
fituations où l'imagination faifoit un de nos
délices ; c'eft un fouffle léger qui ne s'attache point à notre mémoire : il faut croire
au bonheur de l'exiftence , parce que nous
envifageons , avec effroi , le moment où
nous ferons forcés d'y renoncer : mais ,
comme ce bonheur eft compofé des plaifirs
préfens & de ceux en plus grand nombre
qui tiennent à l'afpeƈt de l'avenir , nous
ceffons d'être de bons juges du prix de la
vie , quand cet avenir ne fe préfente plus
à nos yeux que fous la forme du paffé ;
car nous ne faurions apprécier , avec un
fouvenir languiffant , ce que nous avons
aimé dans nos momens d'efpérance.

Les maux phyſiques ne ſont, ni le but, ni la condition de notre nature; ils en ſont l'accident: le bonheur de l'enfance, qui nous montre dans ſa première pureté l'ouvrage de la divinité, indique viſiblement la bonté de cet Être ſuprême; & comment ne croirions-nous pas que nous devons notre origine à une intention bienfaiſante, puiſque c'eſt le deſir du bonheur qui nous a été donné pour ſervir de mobile à toutes nos actions? Ah! que nous parlerions mieux de la vie, ſi nous n'en avions pas corrompu les douceurs par des ſentimens factices, que nous avons ſubſtitués à notre nature; ſi nous n'avions pas voulu ſoumettre tant de choſes réelles à l'orgueil & à la vanité; & ſi, au lieu de nous entre-aider tous pour être heureux, nous ne nous étions pas occupés eſſentiellement d'enchaîner les autres à notre fortune, & de les tenir au-deſſous de nous! Sans doute quelques peines ſe mêlent à notre admirable exiſtence; mais combien n'en eſt-il pas que le monde, dans ſa beauté ſimple,

R 4

ne nous eût jamais fait connoître ! Rapprochons-nous de la plus grande des penſées, & nous ſerons moins ſerrés contre les objets de jalouſie qui nous oppreſſent & qui nous tourmentent.

C'eſt à l'aſpect de quelques événemens épars ; c'eſt dans quelques circonſtances particulières, que nous élevons des doutes ſur la bonté du Dieu de l'univers : mais nous la retrouvons, cette bonté, toutes les fois que nous rapprochons les détails qui nous bleſſent du grand enſemble dont ils font partie ; nous découvrons alors que les malheurs dont nous ſommes ſi promptement offenſés, ſont une ſimple dépendance d'un ſyſtême général, où tous les caractères d'une bienfaiſance intelligente ſont évidemment tracés. Il faut donc chercher, dans cette vaſte ordonnance, les intentions du ſouverain auteur de la nature ; c'eſt-là qu'eſt ſon eſprit ; c'eſt-là qu'eſt ſa penſée ; & en nous livrant à une pareille méditation, nous reviendrons toujours à un ſentiment de reſpect & de reconnoiſſance. Cette idée ſimple

eſt fort étendue dans ſes applications ; il me
ſemble ſur - tout qu'elle nous ſert de con-
ſolation dans les maux de la vie ; l'homme
qui s'en pénètre peut ſe dire à lui-même :
les peines paſſagères auxquelles je ſuis ſoumis , ſont peut-être un des effets inévitables de cette harmonie univerſelle , la plus
généreuſe & la plus étendue de routes les
conceptions. Ainſi , dans les inſtans où je
me plains de mon ſort , je ne dois point ,
pour cela , me croire abandonné ; je ne
dois point faire un reproche à celui dont
l'infinie ſageſſe eſt préſente à mes yeux ,
à celui dont les loix générales m'ont paru
ſi ſouvent l'expreſſion ſenſible d'une véritable bonté.

C'eſt en vain , dira-t-on ; c'eſt en vain
que vous voudriez nous occuper de ces
conſidérations : nous nous en tenons à remarquer que notre bonheur , ſur la terre ,
eſt au moins fort inférieur à la deſtinée
dont notre imagination ſe forme aiſément
le tableau ; & nous ne ſaurions reconnoître,
dans une diſpoſition ſemblable , la réunion

de perfections, qui doit être l'attribut d'un Être suprême.

Cette objection est présentée sous différentes formes, dans les écrits de tous les ennemis des opinions religieuses ; & l'on en tire des conséquences, tantôt contre la bonté de Dieu, tantôt contre sa puissance, & tantôt aussi contre sa sagesse, ou son esprit de justice. Il faudroit, pour résoudre évidemment de pareilles difficultés, être en état de se former une idée de la perfection d'un Être infini : mais, dans toutes nos tentatives, nous ne faisons autre chose que porter à l'extrême chacune des qualités dont nous avons un premier sentiment ; au lieu que la perfection, dans les œuvres du Créateur, consiste peut-être dans une sorte de gradation & d'harmonie dont nous ne pouvons, ni embrasser, ni pénétrer le secret ; & nous devons d'autant plus nous défier du procédé que nous employons pour juger de l'essence de la divinité, qu'en nous bornant seulement à concilier ensemble sa souveraine puissance & sa parfaite bonté, nous ne fixerions jamais le terme où ces deux propriétés se trouveroient en équation : car, après avoir épuisé toutes les suppositions, on demanderoit encore pourquoi le nombre des êtres sensibles & susceptibles de bonheur, n'est pas plus étendu ; on demanderoit pourquoi chaque grain de sable n'est pas un de ces êtres, pourquoi même il n'en contient pas un nombre égal à cette subdivision à l'infini dont nous nous formons l'idée ; enfin, d'extrême en extrême, & toujours en arguant de la souveraine puissance, la moindre matière inanimée, le moindre vuide dans la nature, paroîtroient une limite à la bonté de l'Être suprême. On voit ainsi jusques à quel point on peut s'égarer, quand on abandonne les sentimens simples & rapprochés de nous, pour les vagues excursions de l'esprit métaphysique.

Il me semble qu'à défaut d'autres indices, c'est de la puissance de Dieu qu'on tireroit une démonstration de sa bonté ; car cette puissance nous avertit, à chaque instant, que si le souverain maître du monde eût voulu le mal des êtres sensibles, il auroit

eu , pour remplir cette intention , des
moyens auffi rapides que multipliés. Il
n'avoit befoin , ni de créer des mondes ,
ni de les faire briller d'une pompe éclatante ; un gouffre épouvantable & des ténèbres éternelles euffent fuffi pour accumuler enfemble des êtres infortunés , &
pour jouir du fentiment de leurs peines.
Mais éloignons ces affreufes images , &
laiffons-nous aller aux mouvemens d'une
jufte reconnoiffance ; nous nous empreffe-
rons alors à rendre hommage à ce caractère ineffaçable d'amour & de bonté que
nous voyons empreint dans toute la nature.
Une puiffance inconnue ouvre nos yeux à
la lumière , & nous admet au fpectacle des
merveilles de l'univers : elle éveille en nous
ces fens enchanteurs , qui nous inftruifent
les premiers du charme de notre exiftence ;
elle nous enrichit de ces dons intellectuels ,
qui raffemblent autour de nous, & les âges
paffés , & les temps à venir ; elle nous
confie , de bonne heure , un empire & une
domination, en nous inveftiffant de ces

deux fublimes facultés, la volonté & le libre arbitre ; enfin, elle nous rend fenfibles au doux plaifir d'aimer & d'être aimés ; & lorfque, par l'effet d'un plan général, dont nous ne pouvons juger qu'imparfaitement, elle répand çà & là quelques peines fur la route de notre vie, elle femble vouloir les adoucir, en nous montrant toujours l'avenir à travers le voile ingénieux de l'imagination & de l'efpérance. Seroit-ce donc fans aucun intérêt, feroit-ce donc fans aucune bonté, que ce magnifique fyftême auroit été conçu, & qu'un fuperbe enchaînement de merveilles & de prodiges ferviroit à le confacrer ? Que ferions-nous donc aux regards de l'Eternel, s'il ne favoit point aimer ? Ce n'eft pas nous qui ornons fon majeftueux univers ; ce n'eft pas nous qui faifons lever le foleil, & qui prêtons à l'aurore fes magnifiques couleurs; ce n'eft pas nous qui couvrons la terre de fes brillantes parures ; ce n'eft pas nous qui faifons mouvoir les globes céleftes dans l'efpace immenfe des airs; ce n'eft pas